Editorial

Fast Forward ist ein neues Magazin über Stadt und Zukunft. Von nun an jährlich versammelt es die Stimmen maßgeblich Beteiligter – aus Politik, Architektur- und Immobilienbranche. Inspiriert von unserer Konferenz „Architecture Matters" sind wir auch hier auf der Suche nach dem Verbindenden jenseits der offensichtlichen Unterschiede. Nach Menschen, die Spuren hinterlassen. Neugierig, unideologisch und ohne Angst vor Gegensätzen treten wir in einen lebendigen Dialog mit unterschiedlichsten Akteuren und Persönlichkeiten – vom Startup-Unternehmer, Developer, Städteplaner bis zum Kriegsfotografen.

Die erste Ausgabe widmet sich dem komplexen Zusammenspiel von Stadt und Geld. Waren bis vor wenigen Monaten noch die weltweit explodierenden Boden- und Immobilienpreise sowie die damit verbundenen sozialen Fragen in der öffentlichen Diskussion allgegenwärtig, überlagert derzeit die Corona-Pandemie alles (so auch in den Interviews, sichtbar über blaue Textpassagen).

Doch die Themen sind nicht weniger relevant, vielmehr wird der Wandel unserer Wohn- und Arbeitswelten beschleunigt, ebenso der unserer Innenstädte. Die Weltbevölkerung wächst, Stadtflucht ist für die breite Masse keine Option. Wir brauchen Konzepte für dichte, lebenswerte, gemischte Städte, die zukünftig weniger Ressourcen verbrauchen als heute. Stadt und Geld: Für wen bauen wir? Und warum? Was bedeutet Qualität für ein Gebäude, was „lebenswert" für eine Stadt? Und kann man das berechnen? Wie geht Stadtplanung ohne Geld? Was können alle Seiten zum Allgemeinwohl beitragen?

Damit dieser Dialog Raum bekommen kann, bedarf es Gleichgesinnter. Mein Dank gilt daher unserem Gründungspartner Gira.

Wir sind gespannt auf ungehörte Stimmen und den Austausch mit Ihnen!

Fast Forward is a new magazine on the city and the future. Starting with this inaugural issue, it brings together key players from politics, architecture, and the real estate industry on an annual basis. Inspired by our conference Architecture Matters, we seek to discover what connects us beyond the obvious differences, and to engage with people who are leaving their mark on the world. Curious, free of ideology, and unafraid of differing opinions, we enter into a lively dialogue with a wide variety of actors and personalities – from start-up entrepreneurs, developers, and urban planners to war photographers.

This first issue is devoted to the complex interplay between cities and money. Until a few months ago, skyrocketing land and property prices around the world and their impact on society were omnipresent in the public debate. As of this printing, much is overshadowed by the Covid-19 pandemic. The extent of its impact is addressed in the blue text passages in the interviews.
But it has not made any of these issues less relevant. Indeed, our living and working environments are changing even faster, as is the transformation of our inner cities. The global population is growing, and urban flight is not an option for the broad masses. We need concepts for dense, liveable, mixed cities that consume fewer resources in the future than they do today. City and money. Who are we building for? And why? What does quality mean for a building; what does liveability mean for a city? Can it be calculated? How is urban planning possible when money is scarce? How can all sides contribute to the common good?

In order to give this dialogue room to grow, we need kindred spirits. In this respect I would like to warmly thank our founding partner, Gira.

Meanwhile, we look forward to continuing the dialogue with you and opening it up to even more people and positions in the future.

Nadin Heinich, Herausgeberin | Editor
München, Oktober 2020 | Munich, October 2020

Architecture Must Be Committed – This Is Both Its Weakness and Its Strength

Interview mit | with
Reinier de Graaf, OMA

von | by Nadin Heinich

„Einstein offered the possibility to become younger with time, architecture offers the possibility to become poorer by working." Dein Buch „Four Walls and a Roof"[1] war als Weckruf gedacht. Wo steht die Branche heute? Was hat sich verändert?

Ich habe dieses Buch geschrieben, da unser Berufsstand die Augen vor der Wahrheit verschließt. Das ist immer noch so. Alles, worüber ich geschrieben habe, passiert mit einer viel höheren Geschwindigkeit, als ich je gedacht hätte. Bei „Four Walls and a Roof" ging es im Kern um Architektur und die Ideen des 20. Jahrhunderts, wieviel davon heute nicht mehr existiert. In meinem neuen Buch – ich arbeite an einer Fortsetzung – zeichne ich die Entwicklung der Architektur der vergangenen 20 Jahre nach. Angefangen mit Frank O. Gehrys Guggenheim Museum in Bilbao – Architektur als ein beinahe messianischer Heilsbringer für eine ganze Stadt – bis heute, bis zu einem Berufsstand, der von zahlreichen externen Kräften kannibalisiert wird.

Für Dezeen habe ich kürzlich einen Artikel geschrieben „Architektur ist zu wichtig, um sie Architekten zu überlassen". Das ist nicht meine Meinung, jedoch die von vielen. Weil der Berufsstand keine ausreichenden Antworten findet, formulieren sie andere. Es gibt alle möglichen, scheinbar objektiven Standards, die auf Architektur angewandt werden, Gesundheit, Glück …

Glück als Standard?

Im Zeitalter von Big Data ist alles messbar, sogar Gefühle. Wenn Architektur das richtige Ergebnis liefert, ist das gute, wenn nicht, schlechte Architektur. Das verlagert das Urteil darüber, was gut ist, sehr weit weg von den Architekten. Heutzutage gibt es Richtlinien für „Healthy Place Making", „Community Consulting" etc. Wir arbeiten an einem Glossar all dieser Begriffe … Ich bin kein Gegner von Glück oder dem Weltfrieden. Aber wenn sich diese Dinge in Ideologien verwandeln, läuft etwas falsch. Es ist die Objektivierung von Emotionen, eine scheinbar objektive, statistisch bewiesene Wahrheit unserer Empfindungen, was sehr besorgniserregend ist. Architektur ist eine subjektive Kunst, Vertrauensvorschuss, Innovation. Was innovativ ist, folgt per Definition keinem bekannten Muster. Bei evidenzbasierten Lösungen bleibt man immer in dem verwurzelt, was bereits existiert. Das beraubt Architektur ihrer Freiheit. Doch nur in einem Zustand relativer Freiheit kann Architektur auch Gutes bewirken.

Architektur ist inzwischen oft das Ergebnis negativer Entwicklungen des Finanzsystems. Dafür wird sie in Haftung genommen. Aber eigentlich müsste das Finanzsystem in Haftung genommen werden. Architektur wird zunehmend zu einem bequemen Stellvertreter für viele Probleme. Das ist genauso falsch wie zuvor der vollmundige Anspruch einer allmächtigen Disziplin. Von Gehry als messianischem Erlöser der Städte zu Google, die mittels künstlicher Intelligenz selbst Städte bauen und Architekten überflüssig machen. Die komplette Automatisierung am anderen Ende. Während mein letztes Buch ein Angriff auf den Berufsstand war, ist mein nächstes Buch eine Verteidigung.

---

1 Reinier de Graaf, Four Walls and a Roof. The Complex Nature of a Simple Profession (Harvard University Press, 2017)

In Deutschland herrscht nach wie vor ein Mangel an bezahlbarem Wohnraum, auch wenn der Klimawandel dieses Thema in den Medien verdrängt hat.
Die Tatsache, dass etwas in den Medien nicht präsent ist, bedeutet nicht, dass es nicht mehr da ist ...

Als eine Folge wird die öffentliche Hand wieder aktiver, etwa indem sie Wohnungen zurückkauft, selbst wieder Wohnungen baut, eigene Wohnungsunternehmen gründet, wie die BayernHeim. Wie ist die Situation in den Städten, in denen Du gerade arbeitest, in London, Amsterdam, Rotterdam?
London ist extrem. Die Menschen verlassen in Scharen das Zentrum, das für Normalverdiener unbezahlbar geworden ist. Diese vermeintliche Wohnungsknappheit führt zu einem Bauboom rund um den Autobahnring M25 um London. Es gibt aber keine Wohnungsknappheit, sondern nur den Mangel an bezahlbaren Wohnungen. In allen diesen Städten, in unterschiedlich starker Ausprägung. Auch in den Niederlanden. Wir haben einen großen Mangel an bezahlbarem Wohnraum, dazu einen Bauboom, gleichzeitig wurden jedoch wegen der Stickstoffkrise viele Bauvorhaben gestoppt. Unsere Stickstoffemissionen verstoßen gegen EU-Recht. Das betrifft insbesondere die Landwirtschaft, vor allem die Viehhaltung, aber auch den Wohnungs- und Straßenbau. Sehr seltsame Entwicklungen kommen hier zusammen.

Die Wohnungskrise heute ist menschgemacht, eine Fehlentwicklung unseres Finanzsystems. Die Plattenbauten in der ehemaligen DDR zum Beispiel waren eine Antwort auf eine tatsächliche Wohnungsnot. Das Land war zerstört, musste wieder aufgebaut werden. Jedoch wurden in den vergangenen Jahrzehnten keine großen Wohnungsbestände zerstört. Wir hatten keinen Krieg, keine Bevölkerungsexplosion. Wo kommt also plötzlich dieser Mangel an Wohnraum her?

Auf ganz Deutschland bezogen gibt es auch keinen Mangel an bezahlbarem Wohnraum. Er betrifft vor allem die großen Städte.
Es sollte ein Gesetz geben ... oder besser einen Kulturwandel! Im Zeitalter von Social Media lässt sich darüber doch viel bewirken. Ähnlich wie „Flugscham" sollte es „Leerstands-Scham" geben. Wer viel Geld, viele Häuser besitzt, jedoch nur in einem wohnt und die anderen leer bleiben, sollte über sich selbst beschämt sein. Genauso wie über zu viele Flugmeilen, Rauchen etc.

„Gebäude sind heute Spekulationsobjekte für Nutzer, die wir nicht kennen. Weil wir sie nicht kennen, gibt es keinen Dialog mit ihnen. Genau darin liegt die Krux. Wir sollten den beinahe unschlagbaren Kreislauf durchbrechen, wonach Architektur reines Anlageobjekt ist." hattest Du mal gesagt. Ist es das, was Du mit der Fehlfunktion des Finanzsystems meinst?
Wenn ein Haus leer steht, gibt es keinen Nutzer, ist es unmöglich, mit ihm in Kontakt zu treten. Die Menschen sollen Wohnungen besitzen dürfen, aber nur die, in denen sie wohnen. Angesichts der Immobilienspekulation sind wir machtlos. Jeder Auftraggeber kann behaupten „die Leute wollen das nicht". Sie wissen nicht, wer „die Leute" sind, wir wissen es nicht. Das ist keine Diskussionsgrundlage. Architekten waren lange gegen Partizipation, weil das in ihre Arbeit eingreift. Angesichts des Drucks von Bauherren, die im Auftrag anonymer Interessen agieren, könnte das ein sehr interessantes Bündnis sein, das Machtmonopol zu brechen. In früheren Zeiten war es ganz normal, dass ein Architekt für jemanden ein Haus baut, mit dieser Person spricht, ihr zuhört.

Seite | Pages 4—7
Norra Tornen. OMA / Oscar Properties.
Stockholm, 2018 / 2020

In Immobilien investieren am Ende jedoch auch viele institutionelle Anleger, die die Pensionen von ganz normalen Menschen verwalten.

Sie könnten auch in andere Dinge investieren, etwa in grüne Energie oder grüne Infrastruktur. Wir blicken auf das Finanzsystem wie auf das Wetter, als mache es keinen Sinn, sich darüber zu beschweren ... Das Finanzsystem funktioniert jedoch so, dass, worin immer du investierst, es Gewinn bringen wird, wenn genügend andere ebenfalls darin investieren. Wenn es eine kollektive Nachfrage nach erneuerbaren Energien statt Immobilien gibt, wird das die maßgebliche Assetklasse. Wir entscheiden.

Wenn Boden ein öffentliches Gut wäre wie Luft, könnten wir Immobilienspekulation bereits in einem großen Umfang eindämmen. Es ist Wahnsinn, wenn sich Gebäude innerhalb eines Jahrzehnts im Preis verdreifachen. Die Wertsteigerung von Immobilien ist so stark aus dem Gleichgewicht mit der Lohnentwicklung geraten, dass immer weniger Menschen davon etwas haben. Das ist meiner Meinung nach eine der Ursachen für die Gelbwesten-Proteste in Frankreich, den Populismus in Europa. Wir sehen Rekordgewinne an den Aktienmärkten, gleichzeitig profitieren immer weniger Menschen von dieser Wertschöpfung, wird das Schwimmbad nebenan geschlossen, können sich die eigenen Kinder keine Wohnung leisten. Die Differenz zwischen dem allgemeinen wirtschaftlichen Wachstum und den Lebensumständen normaler Menschen wird so groß, dass wir früher oder später in Schwierigkeiten geraten werden. Wir müssen etwas dagegen unternehmen.

Was?

Das ist eine politische Frage. Aus meiner Sicht wäre die Verstaatlichung von Land sinnvoll. Wenn das nicht möglich sein sollte, dann ein Gesetz gegen Leerstand von Wohnhäusern. In London ist trotz des großen Wohnungsmangels das halbe Stadtzentrum eine Geisterstadt. Gegenüber der Tate steht ein Wohnhaus von Richard Rogers. Weitgehend leer. Die Fassade mit den riesigen Glasflächen, dahinter Designermöbel, ähnelt der eines teuren Einrichtungshauses. Keine Privatsphäre. Die ist aber auch nicht notwendig, weil sowieso selten jemand dort wohnt. Es gibt bereits eine Architekturtypologie, die die Abwesenheit der Bewohner vorwegnimmt. Gebäude als Sparschweine.

Wem gehört das Gebäude?

Wem gehört The Shard? Heute diesem, morgen jenem. The Gerkin? 2004 von Foster fertiggestellt, und inzwischen mehrfach verkauft, immer mit deutlicher Wertsteigerung.

Arbeitest Du demnach lieber für die öffentliche Hand statt für private Entwickler?

Das ist schwierig zu beantworten. Ich arbeite für jeden, der die Dinge mit der richtigen Motivation tut. Der Beweggrund des Auftraggebers ist unglaublich wichtig. Ich bin auch privaten Entwickler begegnet, die idealistisch sind. Man kann nicht kategorisch sagen, der öffentliche Sektor ist gut, der private schlecht. So wie es keine „guten" und „schlechten" Länder mehr gibt. Jedes Projekt ist ein Kopf an Kopf-Rennen aus der Erfüllung finanzieller Notwendigkeiten und gleichzeitig das, was man „gute Absichten" nennen könnte. Jeden Montagmorgen haben wir bei OMA ein Meeting, bei dem wir die neuen Projekte durchgehen. Was sollen wir machen, was nicht? Wie kommen wir an weitere Informationen? Man kann nicht einfach sagen, wir arbeiten nicht mehr in Afrika oder in Russland. Im Nahen Osten gehören bestimmte Projektentwickler zum Beispiel dem Staat, sie sind der Staat. Je mehr hybride Regierungen zwischen Diktatur und Demokratie entstehen, umso mehr hybride Geschäftsmodelle entstehen gleichermaßen. Eine widerspruchsfreie Bewertung von Projekten ist unmöglich. Kategorischen Moralismus kann man sich nicht erlauben. Man muss immer individuell entscheiden.

Selbst unter Ken Livingston, 2000 bis 2008 Bürgermeister von London und bekannt für seine ausgeprägt linke Politik, hat die öffentliche Hand eng mit privaten Entwicklern zusammengearbeitet. Die Developer durften immer höher bauen, solange der Staat die entsprechende Gegenleistung erhielt. Diese Idee von Sozialismus bedeutete, private Profite zuzulassen, diese jedoch auch großzügig für die öffentliche Hand abzuschöpfen. Das ist sehr gefährlich, denn die Energie, die Dich vorantreibt, ist gleichzeitig die, der man entgegentreten muss. Ein faustischer Pakt.

Als Du angefangen hast, als Architekt zu arbeiten, gab es noch einen relevanten öffentlichen Sektor in Großbritannien und in den Niederlanden. Wie ist die Situation heute? Was wünschst Du Dir?

Ich habe nur erlebt, dass sich die öffentliche Hand immer weiter zurückzieht. Bei OMA hatten wir zu Beginn mehr öffentliche Auftraggeber, wir haben etwa den Masterplan für Lille entwickelt, Studien für den Flughafen Schiphol. Heute arbeiten wir in der Mehrzahl für private Auftraggeber. Die Zusammensetzung unseres Portfolios ist ein guter Seismograph der aktuellen Entwicklungen.

Die ganze Idee, dass der Markt sich um sich selbst und um uns kümmert, dass wir uns zurücklehnen können, nicht eingreifen müssen, ist komplette Fiktion. Die natürliche Tendenz aller Finanzsysteme geht zu Asymmetrie und Ungleichheit. Das ist dann der Auslöser von Revolutionen. Von Zeit zu Zeit braucht das ganze System einen grundlegenden Neustart. Thomas Piketty vergleicht in seinem Buch „Das Kapital im 21. Jahrhundert" den Ertrag aus Kapital mit dem Ertrag aus Arbeit ...

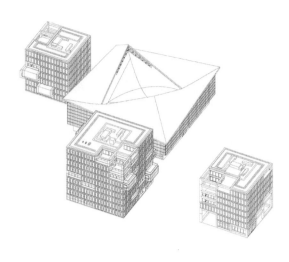

Dass das Einkommen aus Kapital in den Industrienationen prozentual stärker wächst als die Gesamtwirtschaft, dass man mehr Geld mit Geld verdient als mit eigener Arbeit ...

In seinem neuen Buch schaut er nun auf die Geschichte der Ungleichheit und wie in verschiedenen Momenten der Geschichte diese Ungleichheit durch Revolutionen neu kalibriert wurde. Ungleichheit, die von Menschen geschaffen wurde, kann auch wieder von Menschen zurückgenommen werden, wenn sie bereit sind zu handeln. Ich glaube, ein starker Staat ist notwendig, um die unerwünschten Nebenwirkungen des Finanz- und Wirtschaftssystems abzumildern.

Warum magst Du eigentlich den Begriff „Development" nicht?

Linguistisch ist er korrekt, ich bevorzuge dennoch „Gebäude bauen". Für mich ist Development mit bestimmten Erinnerungen verbunden. Veränderungen der Sprache verbinde ich auch mit politischen Veränderungen, die ich entweder begrüße oder bedaure. Ich erinnere mich noch sehr gut, als Begriffe wie „Development", „Real Estate" allgegenwärtig wurden. Sie wurden zu einer Zeit en vogue, als zumindest in den Niederlanden die politische Entwicklung aus meiner Sicht in die falsche Richtung lief.

Wenn Du Dich als Architekt jedoch nicht mit diesen Themen beschäftigst, wird es umso schwieriger. Architektur muss sich engagieren – das ist ihre Schwäche und Stärke zugleich. Anders als Journalisten, die nur beobachten und urteilen, können wir urteilen, aber wir sind immer auch mitschuldig. Architekten sind Opfer und Täter zugleich. Es ist unausweichlich, dass wir die Hand beißen, die uns füttert. Ähnlich wie die Politik ist Architektur eine Form der Vermittlung zwischen widerstrebenden Kräften. In unserem Berufsstand ist es unglaublich schwer, Fehler einzugestehen, Mittäterschaft zuzugeben. Es geht nur um den Erfolg, auch wenn dieser vielleicht auf dubiose Quellen baut. Doch man muss die herrschenden Mechanismen kennen, um Widerstand entwickeln zu können.

Was fasziniert Dich so am „Generischen" in der Architektur, etwa den Plattenbauten?

Das ist die Demokratisierung von Kreativität auf sonderbare Weise. Mich fasziniert das Ausmaß, mit dem sie objektiviert und institutionalisiert wurde. Eine Schönheit ohne Autor, wie man sie nur in primitiver Kunst findet. Ich habe viel über die Plattenbauen in Ostdeutschland veröffentlicht, auch weil viele abgerissen und diskreditiert wurden. Mit den Plattenbauten wurden die Ideen des Bauhauses in einem Umfang umgesetzt, wie es das Bauhaus selbst nie unternommen hatte. Interessanter Weise führt das schlussendlich zum Verschwinden des Autors.

Sehr nostalgisch ...

Ich empfinde Wehmut für eine Zeit, die weit weniger nostalgisch war als unsere heutige. Die Plattenbauindustrie hatte das Wohnungsproblem in der DDR beinahe gelöst, da brach das System zusammen. So nah und doch weit weg.

ENG

"Einstein offered the possibility to become younger with time; architecture offers the possibility to become poorer by working." Your book *Four Walls and a Roof* [1] was meant as a wake-up call. Where does the industry stand today? What has changed?

I wrote this book because our profession turns a blind eye to the truth. That's still the case. Everything I've written about is happening at a much higher speed than I ever thought. *Four Walls and a Roof* was essentially about architecture and the ideas of the 20th century, and how much of it no longer exists today. In my new book – I am working on a sequel – I trace the development of architecture over the past 20 years. Starting with Frank O. Gehry's Guggenheim Museum in Bilbao – architecture as an almost messianic saviour for an entire city – to the present day, with the profession cannibalized by numerous external forces.

I recently wrote an article for Dezeen, titled "Too much is at stake to leave architecture to architects". That's not my opinion but many think so. The profession can't find adequate solutions so it comes up with other ones. There are all kinds of seemingly objective standards applied to architecture, like health and happiness...

Happiness as a standard?

In the age of big data, everything is quantifiable, even feelings. If architecture delivers the right result, it's good architecture; if not, it's bad architecture. This shifts the judgment of what is good very far away from the architects. Today there are guidelines for things like "healthy place-making", "community consulting", etc. We are working on a glossary of all these terms... I don't oppose happiness or world peace. But when they turn into ideologies, it means something has gone wrong. What is very worrying is the objectification of emotions, an apparently objective, statistically proven truth of our feelings. Architecture is a subjective art, a leap of faith, innovation. What is innovative by definition does not follow any known pattern. With evidence-based solutions, you always remain rooted in what already exists; this robs architecture of its freedom. But architecture can only bring about good when it's in a state of relative freedom.

These days, architecture is often the result of negative developments in the financial system. Although architecture is made to account for the situation, it's actually the financial system that should be held accountable. Architecture is increasingly becoming a convenient proxy for a whole slew of problems. This is just as wrong as its previous pretensions as an all-powerful discipline. It is evident across the board, from Gehry as the messianic saviour of cities, to Google, which approaches city-building through artificial intelligence, rendering architects obsolete – complete automation is at the other end. While my last book was an attack on the profession, my next book defends it.

1 Reinier de Graaf, *Four Walls and a Roof: The Complex Nature of a Simple Profession* (Harvard University Press, 2017)

In Germany, there is still a shortage of affordable housing, although climate change pushed this issue out of the media spotlight.
The fact that something isn't present in the media does not mean that it's no longer there.

One effect is that the public sector is becoming more active again, for example by buying back apartments, building its own apartments again, and setting up its own housing companies, such as BayernHeim. What is the situation in the cities where you are currently working – London, Amsterdam, Rotterdam?
London is extreme. People are leaving the city centre in droves, which has become unaffordable for normal earners. The alleged housing shortage is leading to a construction boom around the M25 ring road around London. But in fact, there is no housing shortage – just the lack of affordable housing. That's the case in all of these cities, to varying degrees, including the Netherlands. We have a big shortage of affordable housing, and a construction boom, but at the same time many construction projects have been stopped because of the nitrogen crisis: our nitrogen emissions violate EU law. This applies in particular to agriculture, especially livestock farming, but also to housing and road construction. Very strange developments come together here.

Today's housing crisis is man-made, an aberration of our financial system. The Plattenbau (precast panel buildings) in the former GDR, for example, were a response to an actual housing shortage. The country was destroyed and had to be rebuilt. But no large housing stock has been destroyed in recent decades. We haven't had a war or explosion in the population. So where does this sudden lack of housing come from?

Germany doesn't have a shortage of affordable housing either, if you look at the country as a whole. It mainly affects the big cities.
There should be a law… or better, a change of culture! In the age of social media, a lot can be done about this. Similar to "flight shame" there should be "vacancy shame". People who have a lot of money and houses, but who only live in one while the others remain empty, should be ashamed of themselves. Just like with excessive flying, smoking, and so on.

"Buildings are now speculative tools for users we don't know. Since we don't know them, there's also no dialogue with them and that's where I think the crux is. We should try to break the almost unbeatable cycle of architecture merely being real estate," you once said. Is this what you mean by the malfunctioning of the financial system?

If a house is empty, that means there are no users; it's impossible to get in touch with them. People should be allowed to own apartments, but only those in which they live. We are powerless against real estate speculation. Any client can maintain that the "people don't want that". But they don't know who "the people" are, nor do we. That's no basis for discussion. Architects have long been against participation because it interferes with their work. Given the pressure from builders acting on behalf of anonymous interests, this could be a very interesting alliance to break the monopoly of power. In earlier times it was quite normal for an architect to build a house for someone and to talk to that person, to listen to them.

Ultimately, however, many of the institutional investors who are managing the pensions of ordinary people are also investing in real estate.

They could also invest in other things, such as green energy or green infrastructure. We look at the financial system like we look at the weather, as if there's no point in complaining about it... But the way the financial system works is that whatever you invest in will be profitable if enough other people invest in it as well. If there were a collective demand for renewable energies instead of real estate, it would become the key asset class. We decide.

If land were a common good like air, we could already widely curb real estate speculation. It's madness when buildings triple in price within a decade. The increase in the value of real estate has become so out of balance with wage trends that fewer and fewer people are benefiting from it. In my opinion, this is one of the causes of the yellow vest protests in France, and of populism in Europe in general. We are seeing record profits on the stock markets, but fewer and fewer people are benefiting from this added value: neighbourhood swimming pools are being closed, and our children can't afford to live on their own. The difference between general economic growth and the living conditions of normal people is becoming so great that sooner or later we will run into difficulties. We have to do something about it.

Like What?

It's a political issue. In my view, the nationalization of land would be sensible. If that's not possible, then a law against vacant residential buildings. In London, despite the big housing shortage, half of the city centre is a ghost city. There's an apartment building by Richard Rogers opposite the Tate – it's largely empty. The facade with its huge glass surfaces, behind it designer furniture – it's like an expensive furniture store. There's no privacy. But it doesn't matter, because hardly anyone lives there anyway. There's already an architectural typology that anticipates the absence of residents: buildings as piggy banks.

Who owns the building?
Who owns The Shard? One person today, someone else tomorrow. The Gerkin? Completed by Foster in 2004, and meanwhile sold several times, always with a significant increase in value.

So would you rather work for the public sector instead of private developers?
That's hard to answer. I work for anyone who does things with the right motivation. The client's motives are incredibly important. I have also met private developers who are idealistic. You can't categorically say that the public sector is good and the private sector is bad. Just as there are no more "good" and "bad" countries. Each project is a neck-and-neck race to meet financial needs and at the same time what you might call "good intentions". Every Monday morning we have a meeting at OMA where we go through the new projects. Which ones should we do, which ones not? How do we get more information? We can't simply say that we'll no longer work in Africa or in Russia. In the Middle East, for example, certain project developers belong to the state, they are the state. The more hybrid governments

emerge between dictatorship and democracy, the more hybrid business models emerge. It's impossible to evaluate projects without a certain amount of contradiction. Categorical moralism cannot be allowed. You always have to decide individually.

Even under Ken Livingston, Mayor of London from 2000 to 2008, who was known for his strong left-wing policies, the public sector worked closely with private developers. Developers were allowed to build higher and higher, as long as the state received a corresponding return. That idea of socialism meant allowing private profits, but also skimming them off generously for the public purse. This is very dangerous, because the energy driving you forward is also the energy that you have to confront. It's a Faustian pact.

When you started working as an architect, there was still a relevant public sector in the UK and the Netherlands. What is the situation today? How would you like to see it?
All I've seen is the public sector retreating further and further. At OMA, we had more public sector clients at the beginning. For example, we developed the master plan for Lille, and conducted studies for Schiphol Airport. Today we work mainly for private clients. The composition of our portfolio is a good seismograph of current developments.

The whole idea that the market takes care of itself and of us, that we can sit back and not have to intervene, is complete fiction. The natural tendency of all financial systems is towards asymmetry and inequality. And that is what triggers revolutions. From time to time, the whole system

needs a fundamental reboot. In his book, *Capital in the Twenty-First Century*, Thomas Piketty compares the return on capital with the return on work...

That income from capital in industrial nations is growing proportionally faster than the economy as a whole, that more money is earned with money than with actual work...
Now in his new book, he looks at the history of inequality and how, at various moments in history, this inequality has been recalibrated by revolutions. Inequality created by people can also be taken back by people, if they are willing to act. I believe a strong state is necessary to mitigate the undesirable side effects of the financial and economic system.

By the way, why don't you like the term "development"?
Linguistically it's correct, but I still prefer "building". For me, "development" is connected with certain memories. Also, I associate changes in language with political changes, which I either welcome or regret. I remember very well when terms like "development" and "real estate" became ubiquitous. They became en vogue at a time when, at least in the Netherlands, political developments were, in my view, heading in the wrong direction.

If you don't deal with these issues as an architect, it becomes even more difficult. Architecture must be committed – this is both its weakness and its strength. Unlike journalists, who only observe and judge, we can judge – but we are always complicit. Architects are both victims and perpetrators. It's inevitable that we bite the hand that feeds us.

Like politics, architecture is a form of mediation between opposing forces. In our profession it's incredibly difficult to admit mistakes, to admit complicity. It's all about success, even if it's based on dubious sources. But you have to know the prevailing mechanisms to be able to develop resistance.

What is it about the "generic" in architecture that fascinates you so much, for example Plattenbau (precast panel buildings)?
It's the democratization of creativity in a strange way. I am fascinated by the extent to which it has been objectified and institutionalized. A beauty without an author, as one finds only in primitive art. I have written a lot about the Plattenbau in East Germany, also because many were demolished and discredited. With the Plattenbau, the ideas of the Bauhaus were implemented to an extent that the Bauhaus itself never did. Interestingly enough, this eventually leads to the disappearance of the author.

How nostalgic...
I feel a sense of melancholy about a time that was far less nostalgic than our own. The prefabricated housing industry had almost solved the housing problem in East Germany, when the system collapsed. So close, yet so far away.

Beyond Bilbao

Über Umbrüche,
Wertschätzung und die
Flüchtigkeit des Geldes

———————————

On radical change, values, and
the transience of money

Interview mit | with
Ulrich Höller, ABG Group

—————

von | by Nadin Heinich

Seit Januar 2020 sind Sie geschäftsführender Gesellschafter der ABG Real Estate Group. Warum die ABG? Was treibt Sie persönlich an?

Die ABG gibt es seit über fünf Jahrzehnten. Das ist in der Immobilienbranche ganz selten. Dann auch noch mit größter Kontinuität und ohne jede negative Schlagzeile. So eine Tradition erfolgreich in die Zukunft fortzuführen, ist eine tolle Herausforderung und begeistert mich. Herr Dr. Walter Wübben, Hauptgesellschafter seit fast 30 Jahren, war bereits seit Längerem mit mir über die mögliche Nachfolge im Dialog.

Wir haben eine starke Marktpräsenz mit fünf Niederlassungen in Deutschland: München, die ursprüngliche Keimzelle, Hamburg, Berlin, Köln und seit Kurzem auch wieder Frankfurt. Unser Projektentwicklungsvolumen umfasst aktuell über 2,7 Milliarden Euro, davon etwa 70 Prozent im gewerblichen und rund 30 Prozent im wohnungswirtschaftlichen Bereich. Es handelt sich um 17 Projekte von 60 bis 450 Millionen Euro. In dieser Größenordnung, mit dieser Substanz gibt es nur wenige Projektentwickler in Deutschland.

Wie möchten Sie das Unternehmen konkret weiterentwickeln?

Die Unternehmens-DNA ist die Entwicklung großer Immobilienprojekte. Das wird so bleiben, damit ist das Unter-

Mai 2020

Was hat sich hinsichtlich Ihrer Ziele zur Weiterentwicklung der ABG durch die Corona-Pandemie geändert? Inwieweit hat sich Ihr Tagesgeschäft verändert?

Die langfristig angelegte Strategie der ABG Real Estate Group mit den großen Developments und der ergänzenden Etablierung eines Investmentbereiches über die ABG Capital bleibt vollkommen identisch. Hier hat sich nichts geändert. Die Corona-Auswirkungen sind deutliche Marktveränderungen in vielen Bereichen, die wir momentan beobachten. Eine Bewertung wird frühestens ab dem Spätherbst möglich sein. Dennoch haben wir aktuell bereits in eine Primeobjekt investiert und den BHF-Tower in Frankfurt erworben, den wir nach Auszug des Mieters auf höchstem Standard neu konzipieren und revitalisieren. Die Baustellen haben, übrigens nicht nur bei uns, im Hinblick auf die Umstände ausgesprochen gut funktioniert.

nehmen sehr erfolgreich. Ein erster wichtiger Schritt war die Umbenennung in ABG Real Estate Group, um auch zukünftige Strukturen besser zu dokumentieren. Die signifikanteste Weiterentwicklung wird die Öffnung hin zu Bestandshaltung und Asset-Management sein. Unter ABG Capital wird ein neuer Unternehmensbereich aufgebaut. Das viele institutionelle Kapital, das nach Anlage sucht, sucht auch nach Management. Nicht nur Asiaten, auch deutsche Pensionsmanager, Versorgungswerke, die beispielsweise in Top-Städten Immobilien erwerben möchten, haben schwerlich die Kapazitäten, diese zu akquirieren sowie erst recht nicht, sie zu bewirtschaften und managen.

Welche Rolle spielt der architektonische Anspruch?

Die ABG steht für Qualität, Nachhaltigkeit und Substanz. Unser neues Leitbild „Raum für Werte" bedeutet zweierlei: einen wertvollen, nachhaltigen Umgang mit der gesamten Öffentlichkeit und den Kunden, aber auch Werterhalt des Objektes selbst. Die ABG baut ausschließlich mit bekannten, renommierten nationalen wie internationalen Architekten – jedoch nie bevorzugt architektonische Extravaganzen. Es geht nicht um das exaltierteste Gebäude. Als Privatmensch finde ich Architekten wie Santiago Calatrava spektakulär. Möchte ich nachhaltig so bauen? Nein, zumindest überwiegend nicht!

Diesen Ehrgeiz haben Sie nicht?

Nein. Weil ich manche der sogenannten Stararchitekturen auch kritisch sehe. Ich sehe eine Notwendigkeit und Sinnhaftigkeit für Städte, mit Gebäuden ein architektonisches Ausrufezeichen zu setzen, insbesondere für öffentliche Nutzungen wie Museen, Konzerthäuser. Das ist auch für mich ein maßgeblicher Grund, in andere Städte zu reisen. Als ABG Group, die die Gelder ihrer Kunden vernünftig investieren und die zum Teil anspruchsgerecht mit spannender Architektur für die Mieter bauen will, habe ich einen differenzierten Blick auf exaltierte Architektur. Unsere Gebäude müssen sinnvoll und nachhaltig viele Jahre genutzt werden können, mit wirtschaftlich maßvollen Kosten für die Instandhaltung.

Seite | Pages 18 — 19
VoltAir. J. Mayer H. und Partner / ABG.
Berlin, Fertigstellung (geplant) Ende 2021
| Expected completion: late 2021

Die ABG hat bislang vollkommen unter dem Radar gearbeitet. Keine Öffentlichkeitsarbeit. Auf der alten Website war nicht erkennbar, wer das Unternehmen führt. Kann sich ein Immobilienunternehmen in dieser Größe das heute noch leisten?

Auf die Zukunft gerichtet: Nein. Wir Immobilienunternehmen stehen im öffentlichen Raum. Wir müssen mit einer großen Bandbreite an Stakeholdern arbeiten, der Öffentlichkeit, der Politik, unseren Kunden, sei es Mieter oder Investor. Eine gewisse Transparenz und Kommunikation sind unabdingbar. Die ABG, die sich bislang ausschließlich auf die inhaltliche Arbeit konzentrierte, hat sich inzwischen auch nach diesen Kriterien geöffnet.

Wieso war die Kommunikation mit der Öffentlichkeit für Immobilienunternehmen lange Zeit nicht notwendig?

Immobilien galten lange als unsexy. Wenn es sich nicht um außergewöhnliche Projekte mit großer gesellschaftlicher Brisanz handelte – in meiner alten Heimatstadt Trier habe ich ein kurfürstliches Palais umgebaut, da waren alle auf den Barrikaden – gab es keine öffentlichen Diskussionen. Nach dem verlorenen Krieg bis tief in die Siebzigerjahre ging es um den reinen Wiederaufbau. Erst in den vergangenen 25 Jahren ist die architektonische und städtebauliche Qualität stärker in den Vordergrund gerückt. Dazu kam der Bilbao-Effekt. Städte, Entwickler, Investoren haben erkannt, welche Vorteile spekta-

Deutschlandhaus. Hadi Teherani / ABG. Hamburg, Fertigstellung (geplant) Ende 2022 | Expected completion: late 2022

Öffentlichkeit. In diesem aktuellen Umfeld ist das aber viel schwieriger.

Erst seit Anfang der 1990er-Jahre kann man in Deutschland Immobilienwirtschaft studieren, zunächst als Postgraduiertenstudium am Real Estate Management Institut der EBS Universität. Als ich 1994 an dieses Institut kam, war ich überrascht, wie akademisch ungebildet diese große Branche ist. Es gab damals auch keinen signifikanten Dachverband. Das alles hat sich dramatisch zum Positiven gewandelt. Heute können Sie Immobilienwirtschaft an einer Vielzahl von Hochschulen studieren. Die Branche ist für junge Leute inzwischen extrem interessant. Wir agieren deutlich transparenter und seriöser. Es gibt für fast alles Richtlinien und Normen. Dennoch ist die Immobilienbranche – meiner Meinung nach größtenteils zu Unrecht – vor allem durch die Wohnungsnot erneut in eine Buhmann-Rolle hineingeraten.

kuläre gute und spannende Architektur bringt.

Seit der Finanzkrise vor zehn Jahren hat die „Assetklasse Immobilie" – ich drücke mich bewusst so gespreizt aus – gegenüber den sonstigen Geldanlageklassen dramatisch an Zuwachs gewonnen. Selbst bei den heutigen Preisen ist die Rendite von Immobilien deutlich höher als etwa die von Bundesanleihen. Viele große Kapitalsammelstellen haben die Immobilienanlage anfangs als eine attraktive Ergänzung und jetzt als einen Schwerpunkt entdeckt. Deswegen fließt weltweit so viel Geld in Immobilien. Deutschland gilt nach wie vor als ein sicherer Hafen. Wo wollen Sie sonst auf der Welt investieren? Daher kommen deutlich über 50 Prozent der Anleger in Deutschland aus dem Ausland. Wenn Sie die großen Milliardentransaktionen am hiesigen Immobilienmarkt in der heißen Jahresendphase 2019 analysieren, sehen Sie ganz viel asiatisches Geld.

Jetzt stehen wir wieder beschleunigt auch durch die Corona-Pandemie an einer Zeitenwende, vor allem mit Hinblick auf die Wohnungsnot, aber auch den Klimawandel. Die Öffentlichkeit will und wird da mitreden.

„Wir sind alle so sehr mit Geldverdienen beschäftigt, dass wir nicht genügend an die Verbesserung unseres Images denken." Wie stark treibt die Branche das Thema wirklich um?

Image ist zu kurz gegriffen. Ich würde es lieber als „unser Bild in der Öffentlichkeit" formulieren. Das interessiert die Branche leider noch zu wenig, weil es zu viele Partikularinteressen gibt. Warum? Unsere Branche ist extrem diversifiziert. Es gibt nicht wie in der Autobranche zehn Unternehmen, die alle Autos in Deutschland herstellen und sich über ihr öffentliches Bild abstimmen. Bei uns gibt es hunderte Player, denn unser Produkt ist nun mal „immobil" und lokal. Dazu über 50 Prozent internationale Investoren. Unser Leitverband Zentraler Immobilien Ausschuss ZIA hat zum Beispiel einen Kodex entwickelt, und arbeitet täglich an der Akzeptanz unserer Aktivitäten bei Politik und

Was bedeuten die aktuellen politischen Entscheidungen bzw. Diskussionen in Berlin – Mietpreisbremse, Mietendeckel, Enteignung großer Wohnungsunternehmen. Sind das die richtigen Rahmenbedingungen, um dem Mangel an bezahlbarem Wohnraum entgegenzuwirken?

Die Politik steht wahnsinnig unter Druck, auch wenn wir heute die Konsequenzen von Fehlentscheidungen spüren, von Anreizen, die teilweise vor 20 Jahren falsch gesetzt wurden. Die Wohnungsnot ist Wahlkampfthema, die Immobilienbranche als Gegner, nein sogar Buhmann auserkoren. Dem müssen wir uns alle stellen. Wir hatten – wie auch andere – schon einen Brandanschlag auf eine unserer Baustellen, bei einem großen Wohnungsbauprojekt mit dem wir, neben frei finanzierten, hunderte geförderte Wohnungen errichten und damit im Einklang mit den städtebaulichen sowie politischen Zielen sind.

Der Mietendeckel ist das falsche Instrument, weil investitionshemmend. Es wird weniger saniert und auch keine höheren energetischen Ziele verfolgt werden. Geld ist flüchtig. So wie Bundesanleihen nicht mehr attraktiv waren und das Geld in Immobilien umgelenkt wurde, genauso schnell kann es auch wieder umallokiert werden, wenn Immobilien unsicher werden. Es trifft nicht nur Immobilienunternehmen wie die ABG oder den amerikanischen und koreanischen Investor. Es trifft auch den Mehrfamilienhausbesitzer in Berlin, der nicht mehr modernisiert, weil er sich das nicht mehr leisten kann.

Wozu führt das? Polarisierend gesagt, bis hin zu den grauen Städten, die wir aus der DDR kannten. Sanierungen bleiben aus. Und bei Neubauten wird knallhart kalkuliert. Das führt zu Qualitätsverlust.

Sind bereits konkrete Auswirkungen der politischen Diskussionen spürbar?

Ja. Wenn ich beispielsweise in Berlin ein Grundstück angeboten bekomme, weiß ich leider nicht mehr zu einhundert

Prozent, wie ich damit umgehen soll. Manche Dinge sind beschlossen, anderes noch in der Diskussion. Intransparenz und unsichere Rahmenbedingungen sind für Investments Gift. Der Wohnungsbau kann dadurch eine große Delle bekommen.

Jetzt haben wir eine Regierung aus CDU und SPD. Was, wenn die beiden ehemaligen großen Volksparteien weiter an Stimmen verliert? Was kommt mit den Grünen auf uns zu? Noch mehr Auflagen für den Klimaschutz, wie sind die bezahlbar? Und die Linken wollen viel enteignen. Die politischen Verschiebungen sorgen für Unsicherheit. Das Parteiensystem ist im Moment total zergliedert. Es gibt kaum noch Länder- und Kommunalparlamente, in denen nicht drei Parteien an der Regierung beteiligt sind. Wir haben in Deutschland immer noch wirtschaftlich, rechtlich, politisch sehr stabile Verhältnisse. Das müssen wir viel mehr schätzen und schützen. Es wäre jetzt an der Zeit, einen großen gemeinsamen Konsens zu finden, ein massives Wohninvestitionsprogramm, um die Lücken zu füllen.

Bis vor Kurzem war der Wohnungsmangel in den Städten eines der großen gesellschaftlichen Themen. Welche Herausforderungen sehen Sie durch die Pandemie auf die Immobilienbranche zukommen – auch mit Blick auf Ihre Erfahrungen aus der Finanzkrise 2008?
Das ist jetzt meine fünfte große Krise im Immobilienbereich – bei einem Berufsleben von fast dreißig Jahren. Die erste war die Zeit der Sonderabschreibungen in den neuen Bundesländern 1995 bis 1996, die zweite Krise 2001 eine Mischung aus 9/11 und dem Niedergang der New Economy. Dann kam die große Finanzkrise vor knapp über zehn Jahren und jetzt die Corona-Pandemie. Jeder Krise ist anders. Das macht es schwierig in der Bewertung. Dennoch haben Krisen viel gemeinsam und ich kann die Erfahrung aus vergangenen Krisen sehr wohl verwenden. In einer solchen Zeit strömen tausende Analysen und Meinungen auf einen ein, gute wie schlechte, von „Weltuntergangsszenarien" bis „alles geht weiter wie bisher". Inzwischen kann ich Überreaktionen besser einschätzen, Verhaltensweisen von Wettbewerbern wie von Finanzpartnern früher adaptieren und bewusster darauf reagieren. Die Mechanismen sind oft dieselben, auch wenn Krisen sich in der Sache unterscheiden. Die ABG ist ein sehr erfahrenes Unternehmen – auch das hilft uns jetzt sehr.

Nach der letzten Finanzkrise ist viel Geld in Immobilien geflossen. Kann man jetzt bereits eine Prognose für die Immobilienpreise abgeben?
Im Wohnbereich wird der Nachfrageüberhang und damit der Nachfragedruck weitestgehend erhalten bleiben. Ich glaube auch nicht, dass sich Homeoffice als ein relevanter Wettbewerber für Büroflächen entpuppt und sehr große Marktanteile binden wird. Ich halte dies für eine Chance der Flexibilität und Ergänzung. Man sieht, dass es als additives Element gut funktioniert. Früher ein theoretisches Modell, ist es jetzt praktisch getestet worden. Natürlich ist offen, in welchem Ausmaß Hotels weiter gefragt sein werden.

Das sind alles Grundprognosen. Für eine echte Bewertung im Sinne von Preisrelevanz ist es noch zu früh. Fakt ist, Immobilien werden begehrt bleiben. Im Moment wird Geld als Liquidität gehortet. Aber Sie sehen schon jetzt an den Aktienmärkten, dass trotz Krise der Anlagedruck einfach da ist.

BHF-Tower von Sep Ruf, Frankfurt am Main. ABG plant Neukonzipierung und Revitalisierung in den kommenden Jahren | BHF Tower by Sep Ruf in Frankfurt am Main. AGB is planning the building's revitalization and a new concept for its use in the coming years.

ENG

Since January 2020 you have been Managing Partner of ABG Real Estate Group. Why ABG? What was your motivation for joining the company?
ABG has existed for more than five decades. This is very rare in the real estate industry, as are its great continuity and lack of negative headlines. To successfully continue such a tradition into the future is a great challenge that I find inspiring. Dr. Walter Wübben, who has been the principal shareholder for almost 30 years, was in conversation with me about taking on this new role for quite some time.

We have a strong market presence with five branches in Germany: Munich, the original headquarters, then Hamburg, Berlin, Cologne, and more recently Frankfurt

May 2020

What has changed in terms of your goals for the evolution of ABG, as a result of the COVID-19 pandemic? To what extent has it affected your day-to-day business activities?
In terms of the long-term strategy of the ABG Real Estate Group with the big developments along with the establishment of an investment unit via ABG Capital has remained the same, nothing has changed. But the impacts of the pandemic include significant market changes in many areas, which we are currently observing. We won't be able to make an assessment until late fall at the earliest. Nevertheless, we recently invested in a prime object and acquired the BHF Tower in Frankfurt, which we will revitalize according to the latest standards and a new use concept once the current tenants move out. Incidentally, construction sites have functioned very well, and not only for us, considering the circumstances.

again. Our project development volume currently totals almost 2.7 billion euros, 70 percent of which is in the commercial sector and 30 percent in the residential sector. There are 17 projects ranging from 60 to 450 million euros. There are only a few project developers in Germany of this size and substance.

What are some specific ways in which you would like take the company?
The company's DNA is the development of large real estate projects. This will remain so, for this is behind the company's success. A first important step was changing its name to ABG Real Estate Group, in order to better document future structures. The most significant recent development has been expanding services to include building operations and management. A new business unit is being developed under the name ABG Capital. The large amount of institutional capital seeking investment is also looking for management. Not only Asian but also German pension managers – pension funds that may want to acquire property in top cities – hardly have the capacity to buy a property and certainly not to manage and operate it.

What role does architectural quality play in your work?
ABG stands for quality, sustainability, and substance. Our new mission statement – "Room for values" – places a focus on two things in particular: a sustainable, quality-oriented approach to the general public as well as to our clients, and also maintaining the value of the property itself. ABG builds exclusively with well-known, high-profile national

and international architects – but it's never been about architectural extravagance or the most imposing buildings. Personally, I'm a big fan of architects such as Santiago Calatrava. But do I want to build like that over the long term? No, at least not for the most part.

You don't have that ambition?
No, because I'm also critical of some of the so-called starchitects. I understand the need and logic for cities to make a statement with such buildings, especially for public use, like museums or concert halls. It also gives people, myself included, a reason to visit other cities. But as the ABG Group – which wants to invest its clients' money wisely and build architecture in a way that is both interesting and meets tenants' needs – I have a differentiated view of lofty architecture. Our buildings must be able to be used sensibly and sustainably over many years, with moderate maintenance costs.

ABG previously operated under the radar. There was no PR; the old website didn't even disclose who was running the company. Can a real estate company of this size still afford to act like this today?
With an eye on the future, the answer is No. Real estate companies are in the public sphere. We have to work with a wide range of stakeholders: the general public, politicians, and our customers, whether tenants or investors. A certain degree of transparency and communication is essential. ABG, which until now has focused exclusively on long-term, substantive work, has since become more open to reflect these criteria.

Why didn't real estate companies feel the need to communicate with the public for so long?
Real estate was long considered unsexy. Projects weren't in the public eye unless it was something unconventional or controversial – for example, when we converted an electoral palace in my old home town of Trier, there was an uproar. In the wake of the Second World War until well into the 1970s, the focus was on reconstruction. Only in the last 25 years has quality become more of a priority. And then came the Bilbao effect. Cities, developers, and investors recognized the advantages of stunning, spectacular, quality architecture.

Since the financial crisis ten years ago, the "real estate asset class" – I'm deliberately overgeneralizing – has grown dramatically in comparison to other investment classes. Even at today's prices, the yield on real estate is significantly higher than that on government bonds, for example. Many large capital accumulators first discovered real estate investment as an attractive addition, and now it's the main focus – that's why so much money is poured into real estate worldwide. Germany is still considered a safe haven: where else in the world would you want to invest? As a result, well over 50 percent of investors in Germany come from abroad. If you look closely at the large billion-dollar transactions in the local real estate market in the hot year-end phase of 2019, you'll find a lot of Asian money.

Now we're again at a turning point, accelerated by the coronavirus pandemic, and especially with regard to the housing shortage, but also climate change. The public wants to and will have a say.

MainTor – The Riverside Financial District.
KSP Jürgen Engel Architekten/GEG.
Frankfurt am Main, 2019

"We're all so busy making money, we don't think enough about improving our image." How much is the industry really pushing the issue?

The term "image" is too limited. I would prefer to refer to it as "our public image". Unfortunately, the industry is still not interested enough in this because there are too many special interests. Why? Our industry is extremely diversified. It's not like the car industry, where ten companies produce all the cars in Germany and decide together about their public image. We have hundreds of players, because our product is immovable and local. In addition, more than 50 percent of these are international investors. Our umbrella organization, the Central Real Estate Committee (ZIA), for instance, developed a codex and is working every day to ensure that our activities are accepted by politicians and the public. In the current environment, however, this is very difficult to do.

Only since the early 1990s has it been possible to study real estate economics in Germany, initially as a postgraduate course at the Real Estate Management Institute at EBS University. When I arrived at the institute in 1994, I was surprised that such a major industry was still so academically behind. Nor was there a significant umbrella organization at the time. This has all changed dramatically for the better. Today you can study real estate economics at numerous universities. The industry is now very attractive to young people. We are also acting more professionally and with more transparency than before; there are guidelines and standards for nearly everything. Nevertheless, due to the housing shortage in particular, the real estate industry has again been cast in a bogeyman role, which in my opinion, is largely unfounded.

What are the implications of the current political decisions and discussions going on in Berlin – about the rent freeze, rent cap, and the expropriation of large housing companies? Are these the right measures to counteract the lack of affordable housing?

Politicians are under immense pressure, even if the consequences we feel are the result of wrong decisions and incentives that were, in part, already put into place 20 years ago. The housing shortage has been turned into an election campaign issue, which we all have to face. The real estate industry is a very important part of the solution, though it's not yet common knowledge. Like others, we already had an arson attack on one of our construction sites, a large housing project where we are building not only independently financed apartments but also hundreds of subsidized apartments – in line with urban development and political objectives.

Riverpark Tower. Ole Scheeren/GEG. Frankfurt am Main, in Planung | Currently in planning

The rent cap is the wrong instrument, because it inhibits investment. There will be fewer renovations and ambitious energy targets will no longer be pursued. Money is ephemeral. In the same way that German government bonds became unattractive and money was redirected into real estate, it can be redirected just as quickly when real estate becomes uncertain. This doesn't only affect real estate companies like ABG or American and Korean investors. It also affects the apartment building owner in Berlin, who will no longer modernize because he can no longer afford it.

Where will this take us? To be polarizing: back to the grey cities we knew from the East Germany There will be no renovations and new buildings will be tightly calculated. It will lead to a loss in quality.

Are concrete effects of the political discussions already being felt?
Yes. When I'm offered a property in Berlin, for example, I am no longer certain what to do with it. Some aspects have already been decided on, others are still being debated. Lack of transparency and uncertain conditions are poison for investments. This can make a big dent in housing construction.

We currently have a coalition government with the CDU and SPD. What if the two former major parties continue to lose votes? What can we expect from the Greens? Even more requirements for climate protection? How will we be able to afford them? And the Left wants widespread expropriation. The political shifts are causing uncertainty. The party system is totally fragmented at the moment. There are few state and local parliaments left where there are not three parties in government. But we still have very stable economic, legal, and political conditions in Germany. We need to appreciate this and protect it much more. Now is the time to come to a large consensus – on a massive housing investment programme to fill the gaps.

Until recently, the housing shortage in the cities was one of the major social issues. What challenges do you see for the real estate industry as a result of the pandemic – also in view of your experiences from the 2008 financial crisis?
This is now the fifth major crisis I've experienced in the real estate sector – during my career of almost 30 years. The first was the period of special depreciation allowances in the new federal states, from 1995 to 1996. The second crisis was in 2001, a combination of 9/11 and the decline of the New Economy. Then came the great financial crisis just over ten years ago, and now the coronavirus pandemic. Every crisis is different, which makes it hard to evaluate. But crises still have a lot in common and I can put my experiences from the past crises to good use. In such a time, you are showered with analyses and opinions, good and bad, ranging from apocalyptic scenarios to "business as usual". I have since learned to better recognize overreactions, adjust more quickly to the behaviour of competitors and financial partners, and react to them more consciously. Even if the crises differ in substance, the mechanisms are often the same. ABG is a very experienced company – that's also a big help to us now.

After the last financial crisis, a lot of money flowed into real estate. Is it already possible to make a forecast on property prices?
In the housing sector, excess demand and thus the demand pressure will remain largely intact. I don't believe that home offices will pose any real competition to office space and tie up significant market shares. I see them as complementary and an opportunity for more flexibility: it's evident that they work well as an additive element. What was once a theoretical model has now been tested in practice. What remains to be seen, of course, is to what extent hotels will continue to be in demand.

These are all basic predictions. It's still too early for a real assessment in terms of price relevance. The fact is, real estate will remain in demand. At the moment, money is being hoarded as liquidity. But you can already see from the stock markets that, despite the crisis, there is still pressure to invest.

High Line Expectations

Eine zum Park umgebaute Hoch-
bahn wurde zum aufregendsten
Ort New Yorks – und zum Katalysator für explodierende Mieten.
Die Architekten antworteten mit
einer nächtlichen Performance.

An elevated railway-turned-
public park became New York's
most exciting location – and a
catalyst for exploding rents.
The architects responded with
a nocturnal performance.

Interview mit | with
Elizabeth Diller,
Diller Scofidio + Renfro

von | by Nadin Heinich

8. Oktober 2018, High Line in New York, 19 Uhr abends. Sechs Tage lang kamen 1.000 Sänger aus der ganzen Stadt zusammen, um „The Mile-Long Opera: A Biography of 7 O'clock", eine Performance entlang der ehemaligen Güterzugtrasse im Westen Manhattans, aufzuführen. Die Stimmen der Sänger vermischen sich mit den Geräuschen der Stadt, singen nicht gegen sie an, klingen mal leise, mal mit großer Intensität. Manchmal streift man sie fast beim Vorübergehen, manchmal dringt der Gesang von unten durch den Gitterboden, über den man gerade läuft. Am Eingang lange Warteschlagen, die Tickets waren in kürzester Zeit ausverkauft. Konzipiert hat „The Mile-Long Opera" die Architektin Elizabeth Diller zusammen mit dem Komponisten David Lang. Diller, die 1979 gemeinsam mit Ricardo Scofidio ihr Büro gründete – inzwischen Diller Scofidio + Renfro – ist eine der einflussreichsten Architektinnen unserer Zeit. Hier spricht sie über Entstehung und Bedeutung der New Yorker Performance. Mit Bildern von Iwan Baan und Timothy Schenk.

2008, auf dem Höhepunkt der Finanzkrise, initiierten Diller Scofidio + Renfro die Kulturinstitution „The Shed". Der rollende Kunstkomplex liegt am nördlichen Ende der High Line und erinnert an Cedric Price und seinen Fun Palace. 2019 wurde The Shed eröffnet – das Gros der Tickets für Veranstaltungen kostet hier nicht mehr als zehn Dollar – und ist heute eingebettet in eine der teuersten Quartiersentwicklungen der Stadt, den Hochhäusern von Hudson Yards, unmittelbar neben dem Luxuskaufhaus Neiman Marcus. Zehn Jahre zuvor galt dieses Areal aus Projektentwicklersicht noch als unbebaubar.

Sie haben mal gesagt, dass wenn es nach Ihnen gehen würde, in Städten wie New York das Erdgeschoss eines jeden Gebäudes öffentlich zugänglich sein sollte, dass es eine gesellschaftliche Verantwortung für öffentlichen Raum gibt. „The Mile-Long Opera" ist eine Performance im öffentlichen Raum. Jeder kann teilnehmen, die Tickets sind kostenlos, man muss sich nur anmelden. Worum genau geht es Ihnen bei diesem Projekt?

Als wir 2004 anfingen, an der High Line zu arbeiten, war diese Gegend vor allem für die vielen Fleischfabriken und Nachtclubs bekannt. In den letzten 14 Jahren hat sich das komplett gewandelt, die Grundstücke gehören heute zu den begehrtesten in ganz New York, zahlreiche neue Gebäude sind hier entstanden. Ich habe nach einem Moment der Reflexion für diese beispiellose Geschwindigkeit des Wandels gesucht. Gleichzeitig war die High Line für mich schon immer einer der theatralischsten Orte der Stadt. „The Mile-Long Opera" bringt beides zusammen. Eine Performance über städtische Transformation an einem Ort, der diesen Wandel selbst durchlebt hat, in dem die Stadt beides ist, Hintergrund und Hauptfigur.

Wir schauen auf die Stadt in einem ganz bestimmten Moment, 19 Uhr abends. Es ist eine Zeit des Übergangs. Der Tag wird zur Nacht, die Menschen kommen von der Arbeit, unsere Oper öffnet. Wir assoziieren diese Uhrzeit mit Familie und Stabilität. Es ist so ein universeller Filter, um über Transformation nachzudenken. Wir haben angefangen, Leute zu interviewen, was „19 Uhr" für sie bedeutet. Von diesen Interviews inspiriert haben die Lyrikerinnen Anne Carson und Claudia Rankine die Texte für die Oper geschrieben. Dabei wollten wir nicht eine, sondern möglichst viele Geschichten erzählen. 38 Chöre aus ganz New York sind beteiligt – Schulchöre, Kirchenchöre, aber auch professionelle Sänger, tausend Personen insgesamt. Sie verteilen sich über die gesamte High Line, performen

gemeinsam und doch nicht wie ein klassischer Chor. Jeder Sänger agiert unabhängig, singt nicht das Gleiche, sondern höchstens Teile der gleichen Geschichte. Musik, Performance und die Stadt überlagern sich.

Wie und wann sind die ersten Ideen für „The Mile-Long Opera" entstanden?
Für mich persönlich geht es bei „The Mile-Long Opera" auch darum, die High Line als öffentlichen Ort zu behaupten. Es ist ein Nachsinnen über diese Stadt in dieser Zeit, von New Yorkern für New Yorker. Ein gemeinschaftliches Erlebnis. Vor sechs Jahren, noch während der letzte Parkabschnitt der High Line im Bau war, sind erste Ideen für die Oper entstanden. Es hat eine Weile gedauert, die Stadt zu überzeugen, die Gelder aufzutreiben, Partner zu finden. Konkret wurden die Planungen 2017, als die Finanzierung sichergestellt war.

Inwieweit hat die Entwicklung des Areals um die High Line das Verständnis Ihrer eigenen Arbeit verändert?
Anfang der 2000er waren viele der Meinung, die seit den Achtzigern nicht mehr genutzte Güterzugtrasse würde die Entwicklung dieses in Teilen brachliegenden Areals von Manhattan bremsen. Rudolph Guiliani, bis 2001 Bürgermeister, wollte sie sogar abreißen lassen. Unser Argument für deren Erhalt war, dass die High Line, umgewandelt in einen öffentlichen Park, die Entwicklung des Stadtviertels voranbringen könnte. Der nachfolgende Bürgermeister Michael Bloomberg war sehr visionär und befürwortete unser Projekt. Bis zur Finanzkrise 2008 änderte sich hinsichtlich der Situation nicht viel. Die Bevölkerung war zwar zunehmend begeistert von der neuen High Line, aber niemand dachte daran, die angrenzenden Grundstücke zu entwickeln. Das änderte sich erst 2009 bis 2010. Grundstückspreise und Mieten explodierten. Die High Line war dafür ein enormer Katalysator, Grundstücke und Gebäude wurden mit ihr beworben.

Nachdem wir Zeugen dieser Entwicklung geworden waren, fingen wir an, über das Unausweichliche nachzudenken, mit dem Architektur in den Lebenszyklus von Städten eingreift. Unser eigenes Fazit, zugleich Kritik, war, dass wir zu erfolgreich waren. Aber würden wir etwas anders machen, wenn wir noch einmal vor dieser Aufgabe stünden? Wahrscheinlich nicht. Sicherzustellen, dass es genügend bezahlbaren Wohnraum gibt, ist vor allem eine politische, weniger eine architektonische Frage. Dieses Thema ist gegenwärtig in allen Ballungszentren weltweit präsent.

Mit „The Shed" gehen Sie noch einen Schritt weiter. Die neue Kulturinstitution in Hudson Yards am Ende der High Line, deren äußere Gebäudehülle sich über den angrenzenden Platz schieben und so zusätzlichen Raum

für große Performances oder Installationen schaffen kann. Zugleich haben auch Sie die Institution dafür gegründet. Gibt es bei Ihnen ein generelles Interesse, gelegentlich auf die andere Seite, die des Auftraggebers, zu wechseln?

Ich bin davon überzeugt, dass die meisten Architekten zu passiv sind. Nur Entwerfen reicht mir nicht. Architekten müssen Programme vorschlagen, Konventionen von Bestehendem hinterfragen und fähig sein, auf beiden Seiten zu arbeiten. Für „The Shed" gab es keinen Auftraggeber, am Anfang gab es nur David Rockwell und unser Studio. 2008 hatte die Stadt, die im Besitz dieses Grundstückes ist, zu Ideen dafür aufgerufen. Jeder konnte teilnehmen, einzige Bedingung war eine kulturelle Nutzung. Wir schlugen eine neue Kulturinstitution vor, die die bildenden und darstellenden Künste sowie Kreativwirtschaft zusammenbringt. Es gab auch ein erstes Finanzierungskonzept. Über einige

Jahre haben wir dieses Projekt weiterentwickelt, ohne zu wissen, ob es jemals gebaut werden würde. Ein entscheidender Impulsgeber für die Realisierung war dann unter anderem Daniel L. Doctoroff, der ehemalige stellvertretende Bürgermeister von New York.

Was mich antreibt, ist meine Neugier. Es geht nicht um Geld oder darum, berühmt zu sein. Ich suche nach Dingen, die mich herausfordern. Deswegen mache ich auch nicht gern Dinge mehrmals. Man holt das Beste aus sich heraus, wenn man etwas Neues tut. Ich glaube ernsthaft, man sollte sich Dingen annehmen, für die man im herkömmlichen Sinne nicht „qualifiziert" ist. Vor „The Mile-Long Opera" hatte ich noch nie eine Oper konzipiert – aber genau deshalb war ich auch nicht in irgendwelchen Ängsten davor gefangen.

It's 8 October 2018 at 7 pm on the High Line in New York City. For six days, 1,000 singers from all over the city convened to perform The Mile-Long Opera: A Biography of 7 O'clock – a performance staged along the former freight train route in western Manhattan. The singers' voices combine with the sounds of the city without clashing, varying from quiet to more intense. It's easy to pass by them almost casually, but occasionally the singing penetrates below through the grid walkway. There are long queues at the entrance; tickets were quickly sold out. The Mile-Long Opera was conceived by the architect Elizabeth Diller together with the composer David Lang. Diller, who founded her office together with Ricardo Scofidio in 1979 – now Diller Scofidio + Renfro – is one of the most influential architects of our time. She spoke with us about the origins and significance of the performance in New York City. With Images by Iwan Baan and Timothy Schenk.

In 2008, at the height of the financial crisis, Diller Scofidio + Renfro initiated The Shed, an art centre on wheels, located at the northern end of the High Line, and invoking the spirit of Cedric Price and his Fun Palace. The Shed opened in 2019. Most of the tickets for events here cost no more than ten dollars. Today The Shed is embedded in one of the most expensive district developments in the city, with the high-rise buildings of Hudson Yards and the luxury department store Neiman Marcus right next door. Just ten years before, project developers held this area for undevelopable.

You once said that if it were up to you, in cities like New York, the ground floor of any building should be publicly accessible and that public space has a social responsibility. The Mile-Long Opera is a performance in public space. Anyone can participate, the tickets are free; all you have to do is register. What exactly is this project all about?

When we started working on the High Line in 2004, the area was known for its many meat packing plants and nightclubs. Over the last 14 years it has entirely transformed. Now it's the hottest real estate in New York, and there is a huge density of buildings that have been built here. It all started with a moment of reflection about this unprecedented speed of change. At the same time, the High Line has always been one of the most theatrical places in the city for me. The Mile-Long Opera brings these two aspects together. It's a performance about urban change in a site that has undergone it, where the city is both the backdrop and the protagonist.

We look at the city at a certain moment, at 7 o'clock in the evening – a time of transition. It is when day becomes night, people go home from work, and our opera begins. We equate this time with family and stability. As such a universal touchstone it's perfect for thinking about change. We started interviewing people about what 7 o'clock means to them. Inspired by these interviews, the poets Anne Carson and Claudia Rankine wrote the texts for the opera. We wanted to tell as many stories as possible, not just one narrative arc. 38 choirs from all over New York are involved: school choirs, church choirs, but also professional singers – 1,000 people in all. They are distributed over the entire High Line, performing together, but not like a traditional choir. Each member of the choir acts as a solo singer, singing a different part of a story. Music, performance, and the city blend together.

How and when did the first ideas for The Mile-Long Opera come about?

The Mile-Long Opera is also about taking back the High Line as a public place. It's a contemplation on this city at this time, by New Yorkers for New Yorkers; a collective experience. The very first seeds for the opera came about six years ago, while the last section of the High Line park was under construction. It took a while to convince the city to raise the money and find partners. The planning really came in 2017, once all the pieces fell into place.

To what extent has the development of the area around the High Line changed people's understanding of your own work?

At the beginning of the 2000s, many thought that the abandoned freight train line from the 1980s would hinder the development of this partially disused area of Manhattan. Rudy Giuliani, who was the mayor until 2001, even wanted it demolished. Our argument for its preservation was that if the High Line were converted into a public park, it could encourage the development of the district. The next mayor, Michael Bloomberg, was quite visionary and supported our project. The market situation did not change much until the 2008 financial crisis. Even though people were getting excited about the new High Line, nobody was thinking about developing the adjacent properties. This did not change until 2009–10. Then property prices and rents started to skyrocket. The High Line was a huge catalyst for this, and property and buildings were advertised along with it.

After witnessing this transformation, we began to think about the inevitability of how architecture intervenes in the life cycle of cities. Our own conclusion, which was also a criticism, was that we were too successful. But would we do something different if faced with this task again? Probably not. Gentrification, and ensuring that there is enough affordable housing, is primarily matter of policy, not archi-tecture. This is a big issue being addressed in cities around the world.

With The Shed you go one step further. It is a new cultural institution in Hudson Yards at the end of the High Line. The outer shell can telescope out over the adjoining plaza to provide additional space for large performances or installations. You also founded a non-profit organization to manage it. Do you have a general interest in occasionally switching sides, to that of the client?

I think that architects are often too passive. Approaching things only from a design standpoint isn't enough for me. Architects must propose programmes, question existing conventions, and be able to work on both sides. For The Shed, there was no client, initially there was only David Rockwell and our studio. In 2008, the city, which owns the property, issued a call for ideas. Anyone could participate; the only condition was that it be for cultural use. We proposed a new kind of cultural institution that would bring together the visual and performing arts with the creative industry. We also had a financial model. For several years we developed this project without knowing if it would ever be built. Then Dan Doctoroff, the former deputy mayor of New York, became one of the key driving forces behind the project.

I'm always interested in moving in the direction that my curiosity is taking me. It's not about fame or fortune. I'm very motivated to explore things that challenge me; that's why I don't like doing things more than once. You are probably at your best when you take on something new. I truly believe that you should do things that you are unqualified for. Before The Mile-Long Opera I had never produced or directed an opera – but I wasn't constrained by any fears.

Mehr Glanz im Alltag!

Elevate the Everyday!

Interview mit | with
Franz-Josef Höing, Ober-
baudirektor | Chief Building
Director, Hamburg

---

von | by Nadin Heinich

Nach 13 Jahren mit Stationen als Senatsbaudirektor in Bremen und Baudezernent in Köln sind Sie zurück in Hamburg. Wie unterscheiden sich Ihre Aufgaben?

Egal ob Senatsbaudirektor, Planungsdezernent etc., dies sind Schlüsselpositionen. Man hat Einfluss auf die Gestalt einer Stadt, ein Mandat. In Hamburg ist die Position des Oberbaudirektors besonders aufgeladen durch Tradition und Geschichte. Viele bekannte Planer haben sie ausgefüllt, Jörn Walter, mein unmittelbarer Vorgänger, Prof. Kossak, der berühmte Fritz Schumacher. Dadurch genießt diese Position ein Ansehen. Das heißt jedoch nicht, dass alle in die gleiche Richtung marschieren ... Die Rollen sind in den Flächenländern aber natürlich anders angelegt als in den Stadtstaaten. In Köln war ich z. B. viel stärker mit Administrativem beschäftigt und mit der Vermittlung von Inhalten in die Politik.

Was liegt Ihnen persönlich mehr?

Es ist gut, beides erfahren zu haben. In Hamburg habe ich für inhaltliche Kernfragen nicht mehr Muße, aber ein bisschen mehr Zeit. Ich bin vielleicht näher an den Dingen dran, von denen man selbst kühn behauptet, dass man mehr davon versteht.

Es wird oft behauptet, unsere Städte verändern sich gegenwärtig in rasantem Tempo. Was konkret ist es, was sich so rasant ändert?

Trotz aller Wachstumsschübe, die deutsche Städte jetzt zu parieren haben – verglichen mit anderen europäischen Großstädten handelt es sich bei uns um überschaubare Dimensionen. In Hamburg erwarten wir einen Zuwachs von 100.000 Menschen in den nächsten zehn Jahren. Bezogen auf die Gesamtbevölkerung von fast zwei Millionen sind das fünf Prozent. Das ist alles andere als ein bilderstürmerischer Umgang mit der bestehenden Stadt.

Anders als vielleicht in den zurückliegenden zwanzig Jahren, wo sich das Wachstum – verkürzt gesagt – auf relativ wenige, größere Flächen konzentrierte, ist das Wachstum jetzt in der ganzen Stadt angekommen. An vielen Stellen verändert sich parallel etwas. Hamburg hat diesen dichten Kern, den verdichten wir an vielen Stellen noch. Darüber hinaus leistet sich die Stadt jede Menge Fläche, um ihre Einwohnerinnen und Einwohner unterzubringen. Hamburg ist bemerkenswert unkonzentriert. Wir lenken Entwicklungen in bestimmte Räume – eine Chance für viele Teile der Stadt. An den Rändern soll in nennenswerter Ordnung eine Siedlungsentwicklung stattfinden. Etwa in Oberbillwerder im Hamburger Bezirk Bergedorf. Und wir diskutieren über eine Gartenstadt im Hamburger Osten neben dem Öjendorfer Park, einer der großen Volksparks. Denn den Charakter der grünen Metropole am Wasser werden wir nicht in Frage stellen.

Sie lenken den Blick auch auf die Magistralen und werben dafür, den großen Maßstab wieder zu entdecken. „Ich kann diese Briefmarkenplanung nicht mehr sehen." Hat man das in Hamburg – mit Projekten wie der Elbphilharmonie oder dem „Sprung über die Elbe" – wirklich verlernt?

Das war keine Kritik an meinen Vorgängern! Mit dem Bedarf nach neuen Flächen stellt sich die Frage: Wo ist das? Die Magistralen, die großen Ein- und Ausfallstraßen, sind wirklich desaströse Räume geworden. Sie haben sich über Jahrzehnte fast unbemerkt entwickelt, sind zugewuchert. Da müssen wir jetzt ran. In den stabilen Stadtteilen gibt die bestehende Stadt viele Regieanweisungen, wie das Neue auszusehen hat, Mischung, Dichte, Höhenentwicklung etc. Doch je weiter wir hinaustreten, desto schwieriger wird es, Aussagen über das richtige Maß zu treffen. Das bekommt man nicht hin, indem man von einem zum nächsten Grundstück springt, sondern nur, indem man diese Räume als Ganzes betrachtet. Hamburg, auch andere Städte, müs-

Magistrale 6 – Harburg

sen zudem sehr viel stärker gedanklich die eigenen Stadtgrenzen überspringen, die Kooperation mit dem Umland intensivieren. Das erfordert ein Denken in größeren Zusammenhängen, es braucht eine räumliche Idee von einer Region.

Bei der Hafencity, der innerstädtischen Stadterweiterung, gehörten der Stadt die Flächen ...

Ja. Die Stadt hat die Flächen in einem sehr frühen Stadium erworben, ohne dass es viele wussten. Dadurch war sie in der Lage, die Dinge sehr viel stärker zu steuern.

Seite | Page 37–43
Entlang der Magistralen: Bildstrecke „Unorte" von **Carsten Rabe**
| Along the highway: photo series „Unorte" (Non-Places) by **Carsten Rabe**

Bei den Magistralen gibt es viele verschiedene Eigentümer ...

Ja, bei den Magistralen gehört uns nur ein Teil der Flächen, teilweise handelt es sich um Bundesstraßen. Es gibt keine großen, freien Flächen, die nur darauf warten, bebaut zu werden. Deswegen geht es uns darum, eine Art Regiebuch oder Regieanweisung für diese Stadträume zu entwickeln.

Welche Mittel hat die Stadt konkret, um zu gestalten?

Zum Beispiel das Sanierungsrecht, das etwas in Vergessenheit geraten ist. Die städtebaulichen Entwicklungsmaßnahmen, vor denen viele zurückscheuen, die wir hier in Hamburg aber durchaus anwenden. Mit diesem Instrument markiert die Stadt einen bestimmten Bereich, in dem sie dann die Bodenpreise kontrolliert, Vorkaufsrechte für sich reklamiert und Flächen erwerben kann. Dadurch wird die Entwicklung von der Bodenpreissteigerung, die sich nor-

Magistrale 1 – Altona

malerweise ganz schnell einstellt, wo Planung auf den Plan tritt, entkoppelt.

Im vergangenen Jahr haben Sie im Rahmen des Internationalen Bauforums, das nur alle paar Jahre stattfindet, Architekten, Stadtplaner und Verkehrsexperten eingeladen, sich für eine Woche mit den Magistralen zu beschäftigen. Warum war die Immobilienwirtschaft nicht eingeladen? Sind die nicht so kreativ?

Das sind die Kreativsten überhaupt (lacht). In den letzten Jahren hat sich ein eigenwilliges Gebaren bei uns Planerinnen und Planern eingeschlichen – alle zu fragen, was sie denken, bevor wir anfangen zu denken. Ich finde das nicht richtig. Wir untergraben damit unsere eigene Expertise. Eine Vorstellung zu entwickeln, wie sich diese Räume in Zukunft darstellen sollen, ist eine originäre Aufgabe von uns – und sehr anspruchsvoll. Dafür braucht

man die gedankliche Freiheit jenseits gängiger Planformate. Ich nehme wahr, auf wie viel Interesse das Thema bei der Immobilienwirtschaft stößt. Jedoch muss man im ersten Schritt nicht immer politisch korrekt alle Akteure beteiligen. Wir wollen nicht gleich zu Beginn über immobilienwirtschaftliche Zusammenhänge nachdenken, die klassischen Bürgerbeteiligungsprozesse vom Zaun brechen ...

Was ist die zentrale Erkenntnis, mit der Sie jetzt auf die Magistralen blicken? Gibt es Vorbilder aus anderen Städten?

So viele Referenzen gibt es noch nicht ... Die Magistralen sind unglaublich heterogene Räume. Es gab mal die kühne Zahl – sie wurde nicht von städtischer Seite in die Welt gesetzt – an die Ein- und Ausfallstraßen könne man 100.000 Wohnungen packen. Genau die Zahl, die man für das erwartete Bevölkerungswachstum benötigt ... In Hamburg

Magistrale 2 – Eimsbüttel

steht der Wohnungsbau eben sehr stark im Fokus. Uns war es aber wichtig, die Komplexität aufzurollen. Das sind keine Orte, an denen man nur über Wohnungsbau nachdenkt. An vielen Stellen sind die Magistralen nichts anderes als achtspurige Straßen, die wir durch die Stadt geschlagen haben. Fußgänger und Radfahrer sind da Randerscheinungen. Wenn man an diesem Setting nichts grundsätzlich ändert, kommen wir über Sonntagsreden nicht hinaus. Wir müssen neue Angebote in der Mobilität schaffen. Das sieht zwar mittlerweile jeder, aber es ist noch ein langer Weg. Wir brauchen in einem ausreichenden Maße Alternativen zum Individualverkehr, wir müssen als Stadt offensiv in den ÖPNV investieren. Wir müssen das Umland mitdenken, sonst ist alles ein frommer Wunsch.

Gleichzeitig ist auch nicht jede mögliche Entwicklung abhängig von der großen Verkehrswende. Das ist vielleicht die zweite Erkenntnis. Wenn man die Räume unter die Lupe nimmt, sieht man an vielen Stellen, von denen man meint, die Stadt sei fertig gebaut, wie viele Möglichkeiten es gibt, einen Stadtumbau zu organisieren – wie wir es wirklich schaffen können, die Qualität deutlich zu verbessern. Zum Beispiel unentdeckte Ecken, wo ein neues Quartier entstehen könnte. Weil alle verpflichtet waren, in großen Räumen zu denken, fallen mit einem Mal Abhängigkeiten auf, die wir bei kleinmaßstäblicher Betrachtung nicht entdeckt hätten.

Welche Schwerpunkte jenseits der Magistralen möchten Sie in den nächsten Jahren setzen?
Einige Schwerpunkte haben wir bereits angesprochen. Neue Stadtteile wie das geplante Oberbillwerder am östlichen Stadtrand entstehen nicht über Nacht.

Das sind keine so spektakulären Bauten wie etwa die Elbphilharmonie ...

Magistrale 6 – Harburg

Ich habe keine geheime Liste mit den nächsten fünf großen Kulturbauten in der Schublade. Es gibt vom Kultursenator die Idee, eine Art Bibliothek der digitalen Welt des 21. Jahrhunderts zu bauen. Das finde ich toll, das könnte ein Schlüsselprojekt sein. Aber noch ist unklar, ob sich das zu einem konkreten Projekt verdichtet. Ansonsten gibt es eine ganze Reihe von größeren Stadtumbauprozesse nicht nur am Rande, sondern auch mitten in der Stadt.

Was mich wirklich umtreibt, ist, dass wir in einer Phase, in der Hamburg dynamisch wächst, am Ende nicht nur sagen, wir haben die Zahlen untergebracht, wir haben 10.000 Wohnungen pro Jahr gebaut, sondern dass wir auch einen städtebaulichen und architektonischen Mehrwert geschaffen haben. Dass man die große Debatte um die Quantität mit einer qualitativen Debatte begleitet. Wenn ich mir den Wohnbau, der tagtäglich entsteht, ansehe, ist das an vielen Stellen solide. Viele strengen sich wirklich an. Gleichzeitig fehlen mir ein bisschen die Neugier und die

Offenheit. Sind all die Lebensvorstellungen der Menschen einer Stadt in dem, was da so entsteht, schon gut aufgehoben? Gibt es vielleicht mehr Menschen, die Lust hätten auf eine andere Art des Zusammenlebens, auf eine andere Art von Architektur? Ich glaube, wir haben da eine Verantwortung. Jede Generation ist gefordert, immer wieder neu nachzudenken.

Eine Ihrer Mitarbeiterinnen sagte mir mal, dass Sie das Alltägliche sehr interessiert. Ich habe jetzt eher den Eindruck, dass Sie das Experiment im Alltäglichen interessiert.
Ja, das kann man so sagen. Museumsbauten oder Konzerthäuser sind singuläre Ereignisse in einer Stadt. Ich finde es grandios, wenn eine so fantastische Architektur entsteht wie mit der Elbphilharmonie. Das ist wichtig für eine Stadt, um wahrgenommen zu werden in einer internationalen Welt,

Magistrale 5 – Bergedorf

in der um kluge Köpfe konkurriert wird. Trotzdem finde ich es toll, diesen anderen, tagtäglichen Aufgaben etwas abzugewinnen. Ich habe eine Phobie gegen alles Vordergründige. Beim Wohnungsbau wirklich das Einmaleins dieser Themen herauszukitzeln. Wie sehen noch mal Grundrisse aus, wie komme ich ins Haus und wie schaue ich hinaus etc.? Was bedeutet es, einen Kontext, das architektonische Vokabular einer Stadt weiterzuentwickeln? Sich wirklich mit den jeweiligen Orten auseinanderzusetzen, den richtigen Maßstab zu treffen. Bei allen die Körperspannung aufrechtzuerhalten, sie ein bisschen zu treiben, etwas abzuverlangen, das finde ich gut. Dem Alltag ein bisschen Glanz einhauchen!

Das wird immer schwieriger, je schneller Städte wachsen, weil es dann auch in den politischen Raum geht. Im Fokus stehen dann Zahlen, weil Politik daran gemessen wird. Dass es Hamburg als eine der ganz wenigen deutschen Großstädte geschafft hat, die Mietsteigerungen auf ein Niveau unterhalb der Inflationsrate zu bringen, kommt nicht von ungefähr.

Ohne Mietendeckel. Halten Sie das Vorgehen in Berlin, den Mietendeckel, die Diskussion um die Enteignung großer Wohnungsunternehmen, für einen richtigen Weg?

Ich maße mir kein finales Urteil an, schaue jedoch ein bisschen skeptisch auf Berlin. Klar ist es auch eine Reaktion auf Fehler, die man früher gemacht hat. Man verkauft seine kommunalen Wohnungsbestände und wundert sich … Dann muss man sie irgendwie zurückkaufen, ohne dass dadurch neue Wohnungen entstehen. Hamburg hat sich noch mal richtig angestrengt – nicht nur drüber geredet, sondern gebaut. Jedes Jahr werden hier inzwischen 10.000 bis 13.000 Baugenehmigungen erteilt. Da wird um jede Fläche gerun-

Magistrale 7 – Ring 2

Magistrale 3 – Nord

gen, bis zum Ersten Bürgermeister geht das manchmal.

Während in anderen Städten die Preise durch die Decke gehen, konnten wir in Hamburg durch dieses große Engagement die Preise ein Stück weit steuern. Das ist eine große Leistung. Insofern will ich die Debatte um Quantität nicht infrage stellen. Als Oberbaudirektor ist man gut beraten, nicht im Elfenbeinturm zu sitzen oder nur das Experiment zu suchen, sondern beides miteinander zu verknüpfen.

After 13 years in roles such as Senate Building Director in Bremen and Head of Urban Development in Cologne, you are back in Hamburg. How is your job different now?

Regardless of whether you're the director of the Senate Building Department or the Planning Department, these are still key positions. In Hamburg, the position of Chief Building Director has a particularly strong tradition and history. Many well-known planners have filled this position – such as Jörn Walter, my immediate predecessor, Professor Kossak, the famous Fritz Schumacher – who have given this position a good reputation. But that doesn't mean that everyone is marching in the same direction… the roles in the larger states are naturally different from those in the city states. In Cologne, for example, I was much more involved with administrative matters and conveying content to politicians.

What do you personally enjoy more?

It's good to have experienced both. In Hamburg, it's not that I'm obliged to tackle more central issues, but I do have a little more time to do so. And I may be closer now to issues I have a good understanding of.

It's often said that our cities are currently undergoing rapid change. What exactly is changing so quickly?

Despite all the growth spurts that German cities now have to cope with – compared with other major European cities, our dimensions are manageable. Hamburg's population is expected to increase by 100,000 people over the next ten years. In relation to the country's total population of nearly two million, that's five percent. It's hardly going to turn our city upside down.

Unlike in the past 20 years, when growth was basically

Magistrale 5 – Bergedorf

concentrated in a few larger areas, growth has now spread to the entire city: many changes are currently underway at the same time. Hamburg has a dense core, which we are still densifying in numerous places. And the city has plenty of space to accommodate its inhabitants. Hamburg is remarkably unconcentrated. We are directing developments into certain areas, creating opportunities for many parts of the city. Significant residential development is targeted for the city periphery, for instance in Oberbillwerder in Hamburg's Bergedorf district. And we are exploring a garden city development in the east of Hamburg next to Öjendorfer Park, one of the large public parks. Hamburg's character as a green metropolis by the water is something we want to maintain.

You've also drawn attention to the major thoroughfares and are advocating a return to a long-term, large-scale planning concepts. "I can't see this stamp-sized

planning anymore," you've said. Had this large-scale approach really been abandoned in Hamburg – despite projects like the Elbphilharmonie concert hall and the "Leap across the Elbe" masterplan?

That wasn't meant as a criticism of my predecessors! But with the need for new space, we must ask: Where is that space? The areas around the main thoroughfares and arterial roads have become truly disastrous. They have developed over decades almost unnoticed and become overgrown. That's what we need to tackle now. In stable districts, the existing urban structures give a lot of direction in terms of how the new areas should look like in terms of functional mix, density, building heights, etc. But the further we move away from them, the more difficult it becomes to find the right scale. It's not done by jumping from one plot to the next, but only by looking at these spaces as a whole. Hamburg, and other cities as well, must also think

Magistrale 3 – Nord

much more about developing beyond their own city boundaries and intensifying cooperation with the surrounding areas. This requires thinking in larger contexts; it requires a spatial vision for the region.

In the case of HafenCity, the inner-city expansion of the city, the city owned the areas...

That's right. The city acquired the land early on, without many people knowing it. This enabled it to have much more control.

But in terms of the major roads, there are many different owners...

Yes, with the major thoroughfares, we only own some of the surfaces, while others are federal highways. There are no large, open spaces just waiting to be built upon. That's why we want to create a kind of script or stage directions for developing these urban areas.

What concrete means does the city have to shape these areas?

For example, there is the restructuring law, which has been somewhat forgotten. And the urban development measures that many shy away from, but which we are implementing here in Hamburg. With this instrument, the city can mark off a certain area, in which it can control the land prices, claim pre-emptive rights, and then purchase property. This decouples development from land price increases, which normally occur very quickly when planning is on the agenda.

Last year, as part of the International Building Forum, which only takes place every few years, you invited architects, urban planners, and transportation experts to spend a week addressing the areas around the major thoroughfares. Why wasn't the real estate industry invi-

Magistrale 5 – Bergedorf

ted? Aren't they creative enough?

They're the most creative people of all (laughs). Over the last few years, an idiosyncratic approach has crept in among us planners – asking everyone else what they think before we start thinking for ourselves. I don't think it's right. In doing so, we undermine our own expertise. Developing an idea of how these spaces should look in the future is an essential part of our work – and very demanding. To do so you need the freedom to think beyond the usual planning formats. I notice how much interest the topic is sparking in the real estate industry. But it's not always necessary to involve all actors in a politically correct way in the initial phase. We don't want to address the role of the real estate industry right at the beginning, which could come into conflict with classic citizen participation processes...

What is the main insight you bring to the issue of the major thoroughfares? Do other cities offer any models?

There aren't many references yet. The areas around the major arteries are incredibly heterogeneous spaces. There was once a bold figure – it didn't come from the city though – that you could pack 100,000 apartments along the arterial roads. That's exactly the number needed for the expected population growth... In Hamburg the focus is very much on residential construction. But it was important to us to take the complexity of the situation into account. These aren't places where you only think about housing. In many places, the arteries are nothing more than eight-lane roads that have been cut through the city. Pedestrians and cyclists are marginalized. If fundamental change doesn't occur in these areas, we won't get beyond pretty speeches. We must create new offerings in mobility. By now, everyone understands that – but there's still a long way to go. We need enough alternatives to private transportation, and as a city we must invest aggressively in the public transportation system. We have to think of the surrounding areas as well, all else is pointless.

At the same time, not all housing developments depend

Magistrale 4 – Wandsbek

on a major overhaul of traffic policy. Perhaps this is the second insight: if you take a closer look at those spaces, in many places where the city was thought to be built to completion, there are actually plenty of opportunities for urban redevelopment, where we can improve the quality significantly. For example, undiscovered corners where a new quarter could be created. Once people are obliged to think on a larger scale, relationships became apparent that would not have been discovered if thinking on a small scale.

What priorities beyond developing areas around the major arteries do you want to set in the coming years?

We've touched on some of the issues above. New districts, like the one planned for Oberbillwerder on the eastern outskirts of the city, don't pop up overnight.

They aren't as spectacular as the Elbphilharmonie...
I don't have a secret list of the next five great cultural buildings to come. The Senator for Culture has an idea for a kind of library dedicated to the digital world of the 21st century. I think it's great, and it could be a key project. But it's still unclear whether it will come together in a concrete project. Otherwise, there are quite a few major urban redevelopment processes to address, not only on the periphery but also in the city centre.

What really concerns me is that, in this phase of dynamic growth in Hamburg, we don't want to end up saying that we merely accommodated the figures – that we built 10,000 apartments per year – but that we also created added value in terms of urban development and architecture. That the big debate on quantity was accompanied by a debate on quality. When I look at the housing being built these days, it is solid in many areas. Many people are making a great effort. At the same time, I wish there would be a bit more curiosity and openness. Are different urban lifestyles being taken into account? Are there perhaps more people interested in alternative ways of living and non-traditional forms of architecture? I think we have a responsi-

Magistrale 1 – Altona

bility here. Every generation is called upon to think about things in new ways.

One of your colleagues once told me that you are very interested in matters of everyday life.
Yes, you could say that. Museum buildings and concert halls are one-off elements in a city. It's wonderful when fantastic architecture like the Elbphilharmonie is created. It's important for a city to gain recognition in an international scene where there is competition for clever minds. Nevertheless, I think it's also good to appreciate these other, everyday tasks. I have a phobia of the superficial, so with housing, for example, it's important to pay attention to the fundamentals: How have the floor plans been designed, how do people enter the building and look out of it, etc.?

What does it mean to develop a context and the architectural vocabulary of a city? To engage in dialogue with the specific locations, to find the right scale. To maintain a sense of tension, give a little push, place demands – those aspects are important. They help to elevate the everyday!

And it becomes more and more difficult to do, the faster cities grow, because then you're also entering the political arena. Then the focus is on numbers, because that's how politics is measured. It's no coincidence that Hamburg is one of the very few major German cities that has managed to bring rent increases to a level below the inflation rate.

And that without a rent freeze. Do you think that the rent freeze in Berlin, and the discussion about expropriating large housing companies, is the right way forward?
It's not for me to judge, but I do look at Berlin with a little scepticism. Of course it's also a reaction to mistakes made in the past. You sell off the municipal building stock and then wonder... Then you have to buy it back somehow, without creating new apartments. Hamburg has made quite an admirable effort in that respect – not just talking about housing, but building it. Meanwhile, 10,000 to 13,000 building permits are being issued here per year. There's a fight for every bit of land, sometimes going all the way up to the mayor.

While in other cities prices are going through the roof, in Hamburg it's this sense of commitment that has enabled us to control prices to a certain extent. It's a great achievement. In this respect I don't want to question the debate on quantity. As Chief Building Director, one is well advised not to hide in an ivory tower or only embrace experiments, but to combine both.

Yaroslavsky. Buromoscow/PIK Group. Region Moskau | Moscow region, 2017

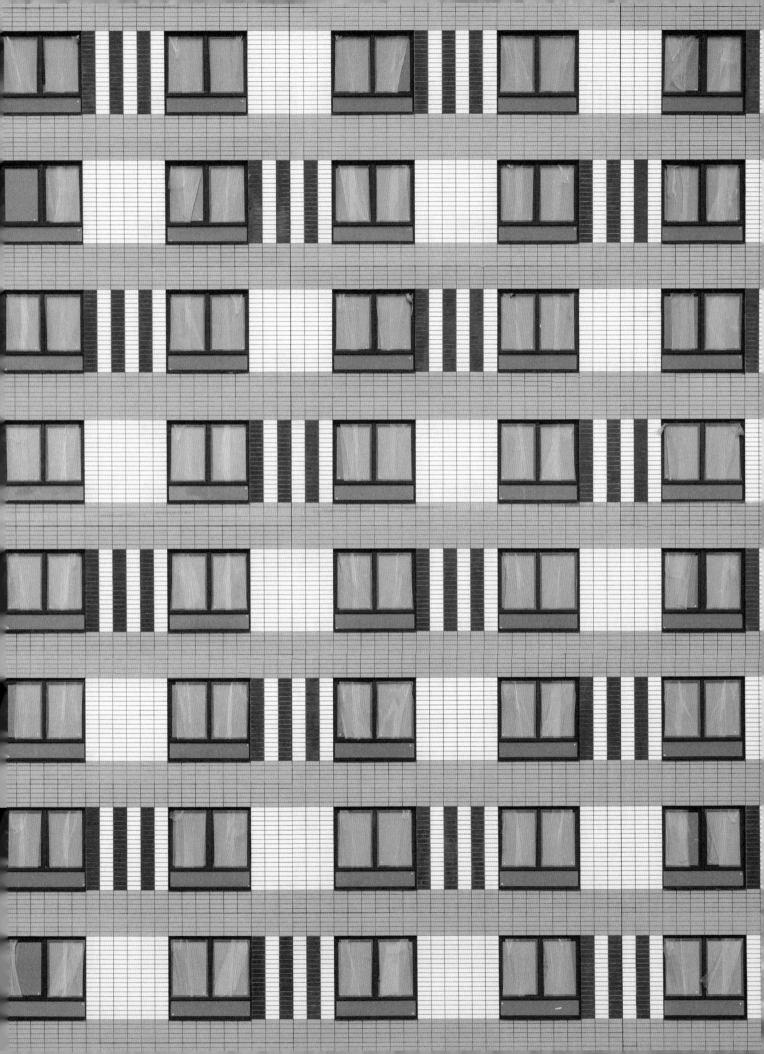

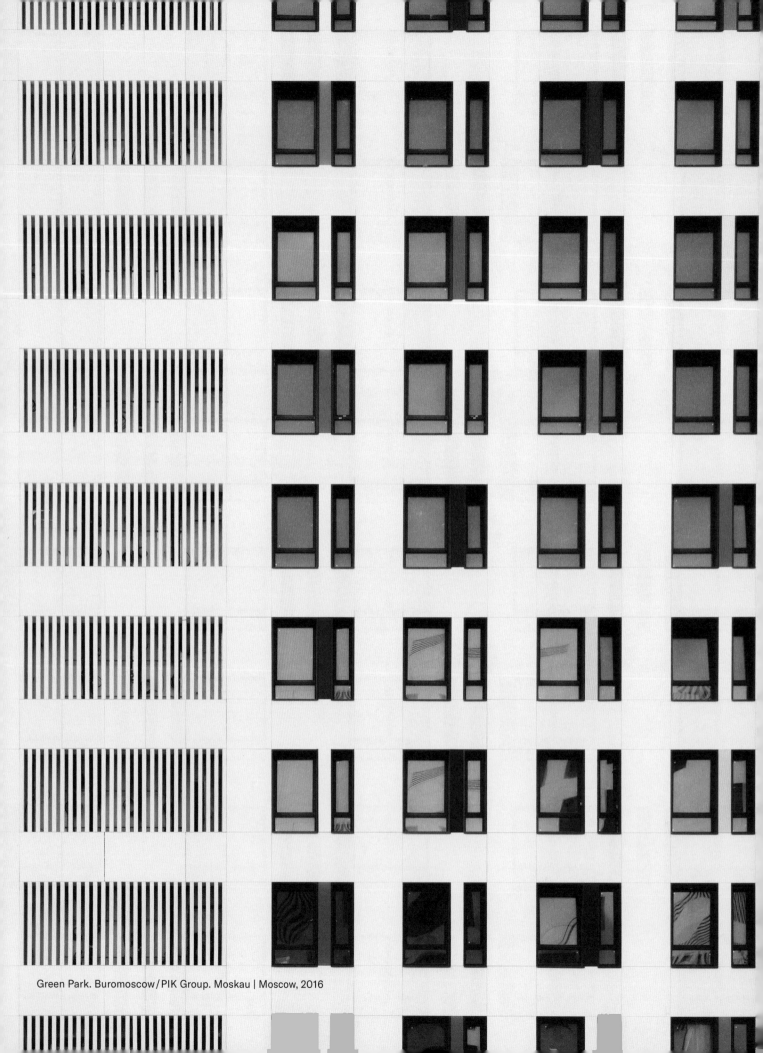

Green Park. Buromoscow / PIK Group. Moskau | Moscow, 2016

Yaroslavsky. Buromoscow/PIK Group. Region Moskau | Moscow region, 2017

Block 10. Buromoscow / KROST. Moskau | Moscow, 2017

Interview mit | with Olga Aleksakova und | and Julia Burdova, Buromoscow

von | by Nadin Heinich

We Build on a Large Scale

Interview mit | with
Sergei Gordeev, PIK Group

von | by Nadin Heinich

Ihr wart die ersten Architektinnen in Russland, die sich mit Vorfabrikation jenseits der großen, ehemals sowjetischen Wohnungsbaukombinate beschäftigt haben. Wie kam es dazu?

Zu Sowjetzeiten waren an das Bauministerium Entwurfsinstitute angeschlossen. Riesige „Maschinen" mit Sitz in Moskau und St. Petersburg, mit hunderten von Architekten. Deren Entwürfe wurden anschließend von staatlichen Fabriken im ganzen Land produziert. In den wilden 1990er-Jahren wurde dieses sowjetische Erbe fortgeführt. Die großen privaten Projektentwickler – KROST, Capital Group oder PIK – sind erst zu Beginn der 2000er-Jahre entstanden, indem sie Fabriken und auch Entwurfsinstitute aufkauften. Heute gibt es die staatlichen Institute so nicht mehr.

Unser erster Auftraggeber war KROST im Jahr 2004. Sie hatten eine dieser Fabriken erworben, verfügten über ein Management-, jedoch kein eigenes Entwurfsteam. Und sie hatten den großen Wunsch, etwas Neues zu machen. Sie kannten uns durch OMA, für die ich [Olga] in Rotterdam gearbeitet hatte. Wir waren Anfang dreißig und entwarfen plötzlich diese riesigen Gebäudevolumen, Projekte mit bis zu einer Million Quadratmeter Wohnungsfläche. Wir besuchten die Fabrik und beschäftigten uns zunächst nur mit den Fassaden, die wir mit einfachen Mitteln aufwerteten, mit schöneren Materialien, einer differenzierten Gestaltung von Innenhof und Straße, wir kaschierten die Fugen zwischen den Paneelen.

In der Folge haben wir immer wieder „Verbesserungsaufträge" übernommen. Wie kann ein Gebäude aus vorfabrizierten Elementen gebaut und zugleich an die örtlichen Gegebenheiten angepasst werden? Seit über 15 Jahren beschäftigen wir uns mit dieser Frage. Inzwischen sind im Büro jedoch auch weitere Arbeitsschwerpunkte dazugekommen. Freiraumplanung, zunehmend öffentliche Gebäude wie Schulen und Kindergärten, dazu Wohnungsbau im gehobenen Bereich.

Und was ist das Besondere an der Zusammenarbeit mit PIK, dem größten Wohnungsbauunternehmen in Russland, das zugleich entwickelt, plant und baut?

PIK kannte unsere Arbeit bereits, als sie uns kontaktierten. Sie hatten DSK-3 gekauft, eines der großen, ehemaligen sowjetischen Kombinate, das mit dem sogenannten P3M einen der populärsten Wohnhaustyp produzierte. Die Kapazität von DSK-3 lag bei 500.000 Quadratmetern Wohnungsfläche pro Jahr. Wir arbeiten für sie als externe Spezialisten, zusätzlich zu ihrem Inhouse-Architektenteam. Über zwei Jahre haben wir mit PIK ein System entwickelt,

Die PIK Group ist das größte Wohnungsbauunternehmen in Russland: Zwei Millionen Quadratmeter Wohnfläche, überwiegend im kostengünstigen Bereich, werden pro Jahr gebaut und verkauft, rund 40.000 Wohnungen. Der Fokus liegt auf Moskau und Umgebung. Der Umsatz betrug 2018 annähernd vier Milliarden US-Dollar. Die Gebäude werden aus industriell vorgefertigten Elementen errichtet, jedoch weitaus anspruchsvoller als die endlosen seriellen Bauten aus Sowjetzeiten. Intensiv beschäftigt man sich mit der Digitalisierung von Prozessen auf allen Ebenen, von der Planung über Produktion bis Verkauf. Sergei Gordeev, CEO der PIK Group, gibt selten Interviews. Wir treffen uns in der Unternehmenszentrale am Barrikadnaja Platz in Moskau. Über die Gestaltung von Stadtquartieren, das Schaffen von Gemeinschaften und den russischen Konstruktivismus.

Die PIK Group entwickelt, plant und baut – Sie verfügen auch über eigene Fabriken. Aus deutscher Perspektive ist das ein eher ungewöhnliches Geschäftsmodell. Was sind die Gründe für diese Unternehmensstruktur?

Unsere beiden wichtigsten Geschäftsbereiche sind die Entwicklung von Wohnprojekten sowie das Bauen als Generalunternehmer. Das wird durch unsere ConTech-Plattform unterstützt, durch unternehmenseigene Bautechnologien und IT-Systeme. Wir sind das größte Unternehmen im Bereich der Vorfertigung in Europa. Wir wollen herausfinden, welche Bautechnologien in Zukunft vorherrschen – wie wir bauen, wird sich in den kommenden Jahren grundlegend ändern. Dazu experimentieren wir auch mit modularer Bauweise, mit Holzbausystemen, wie Cross Laminated Timber CLT (Brettsperrholz). Bei der Projektentwicklung verstehen wir uns nicht als klassischer Developer, sondern zugleich als Stadtplaner und Architekten. Das muss zusammengedacht werden. Wir wollen Räume mit neuen Qualitäten anbieten, die zu unseren Lebensgewohnheiten, die sich gerade fundamental ändern, passen. Wir wollen die Zukunft gestalten, unsere Projekte sollen inspirieren.

Daneben gibt es zwei weitere Geschäftsbereiche: Instandhaltung und PropTech. Die PIK Group ist die größte Wohnungsverwaltung in Russland. Wir warten insgesamt 50 Millionen Quadratmetern Wohnfläche, mit steigender Tendenz. Dazu zählen auch Projekte anderer Entwickler. Im Bereich PropTech interessiert uns, welche Technologien den Immobilienmarkt aufbrechen werden. Wir sind kein klassischer Risikokapitalgeber, sondern investieren nur in Technologien, die wir in unser Unternehmen integrieren.

das von der einzelnen Wohnung bis zum Städtebau funktioniert. Es basiert auf einem festen Raster, die einzelnen Wohnungstypen wachsen in 30-Zentimeter-Schritten. Diese mathematisch-logische Herangehensweise über unterschiedliche Maßstäbe hinweg ist unglaublich faszinierend.

Während die sowjetischen Plattenbauten als starre Systeme geplant wurden – eine Tragstruktur mit jeweils einer Fassade, die ohne Bezug zur Umgebung im ganzen Land dogmatisch wiederholt wurde – ist unser System sehr flexibel. Wohnungstypen und Fassade können auf einfache Weise variiert werden. Die Vorfabrikation – alle Arbeitsschritte sind automatisiert, vom Entwurf bis zur Instandhaltung – ermöglicht es zugleich, kostengünstig bei gleichbleibender Qualität zu bauen. Und ein wiedererkennbares Bild zu schaffen.

Wie würdet Ihr dieses Bild beschreiben?

Frisch, jung, farbenfroh, glücklich. Neben den Gebäuden sind Sergei Gordeev, dem Inhaber von PIK, die öffentlichen Räume sehr wichtig. Innenhöfe, Grünflächen, Kindergärten, Schulen, Spielplätze – alles ist sehr modern. PIK arbeitet immer wieder mit ausländischen Architekten zusammen, das sieht man. Ist man in dem neuen Wohngebiet Green Park, hat man nicht den Eindruck, man befinde sich in Russland.

Was ist das Besondere an Ihren Wohnquartieren?

Dafür haben wir den PIK-Standard entwickelt – zwölf Prinzipien, die für jedes einzelne Projekt gelten: ein umfangreiches Gesamtkonzept, mehrgeschossige Bauweise, Parks in den Innenhöfen, Fußgängerzonen, Hubs für Spiel und Sport, ein organisiertes System für Parkplätze, Schulen und Kindergärten, stufenlose Zugänge, eine Vielfalt an Grundrissen, große Fenster, komplett eingerichtete Wohnungen, eine vielfältige Architektur mit beständigen Fassaden.

Besonders viele Gedanken machen wir uns um die Außenräume, denn wir bauen im großen Maßstab. Einige unserer Projekte umfassen mehr als eine Millionen Quadratmeter Wohnfläche, kleine Städte. Zusätzlich errichten wir die gesamte notwendige Infrastruktur, Schulen, Kindergärten, Parks. Wir wollen lebendige Außenräume schaffen, in denen die Menschen sich entspannen und Energie tanken können. Bestimmte Bereiche, wie die Parks in den Innenhöfen, sind komplett autofrei. Wir haben ein System von Hubs für sportliche Aktivitäten sowie zum Spielen entwickelt und organisieren zahlreiche Aktivitäten für unsere Bewohner, von Lauftreffs bis zu Yoga-Klassen. In großen Projekten sind die Spielplätze oft kleine, märchenhafte Städte, konzipiert zusammen mit Architekten, Psycholo-

gen und anderen Experten. Der Grundgedanke dahinter ist, dass jeder das Recht, die Möglichkeit und einen Ort zum Spielen haben sollte, unabhängig vom Alter oder sozialer Herkunft.

Wieso denken Sie Ihre Quartiere von den Außenräumen her?

Die grundlegende Idee dreht sich bei uns immer um die Außenräume. In der zeitgenössischen Architektur ist alles, was man sich vorstellen kann, bereits versucht worden. Alles sieht heute ähnlich aus, egal ob es von Büros wie BIG oder MVRDV entworfen wurde. Und alle bewundern Rem Koolhaas. Ich glaube, der nächste wirkliche Umbruch wird mit den öffentlichen Räumen geschehen. Wie gestalten wir sie im Einklang etwa mit dem technologischen Wandel, der gerade stattfindet? Wenn man heute etwas Neues schaffen möchte, sollte man nicht Architekt, sondern Stadtplaner werden.

Sie entwickeln immer ganze Stadtquartiere, nie nur einzelne Gebäude. Wie schwierig ist es, in Moskau genügend Flächen zu finden?

Derzeit wandeln wir viele ehemalige Industrieareale um.

Das Besondere ist, dass PIK in „Produkten" denkt. Eine Wohnung, ein Haus soll so einfach funktionieren wie ein iPhone. Wenn man vor einem Jahr ihre Verkaufsräume in der Unternehmenszentrale am Barrikadnaja Platz in Moskau besuchte, saßen in den Besprechungsnischen zahlreiche Menschen, potentielle Käufer. Heute sitzt fast niemand mehr dort. Man kauft online. Wohnungen sind Gebrauchsgüter, ähnlich wie Autos. 80 Prozent der Menschen in Moskau besitzen die Wohnung, in der sie leben. Die Projektentwickler verfügen über riesige Verkaufsabteilungen, aber auch über Abteilungen für Instandhaltung und weitere Dienstleistungen. In ein Wohngebiet wie Green Park ziehen die Menschen, weil sie eine Gemeinschaft suchen, weil das gesellschaftliche Leben organisiert wird. Es gibt zahlreiche Whatsapp-Gruppen für Yoga, Joggen etc. Auf sehr vielen verschiedenen Ebenen treten die Entwickler mit ihren (zukünftigen) Bewohnern in Kontakt. Es herrscht ein regelrechter Wettbewerb, insbesondere um die Mittelklasse, Familien mit gesichertem Einkommen.

Die Preise für Wohnungen in Moskau fallen ...
Ja, langsam. Niemand weiß genau, wie viele neue Wohnungen wirklich gebraucht werden. Trotzdem bauen alle weiter.

Mit dem Bau der Großsiedlungen wurde in der Sowjetunion in den 1950er-Jahren begonnen, in einem ganz anderen politischen und gesellschaftlichen System. Welche der sowjetischen Standards sind geblieben, was wurde weiterentwickelt?
Seit den 1970er-Jahren bilden sogenannte Mikrorajone mit einer Fläche von 60 Hektar die kleinste städtebauliche Einheit. Schule, Kindergarten und Klinik befinden sich im Zentrum, umgeben von Wohnblocks mit zunächst fünf, neun oder zwölf Geschossen. Läden des täglichen Bedarfs werden am Rand der Wohngebiete gruppiert, die von Hauptverkehrsstraßen umschlossen sind. Durch das Innere führen nur Fuß-, Rettungs- und Lieferwege, keine befestigten Straßen. Parkplätze waren damals keine geplant, in den 1970er-Jahren gab es kaum private PKWs. Diese Standards, die Bemessung der Distanzen, gelten im Wesentlichen bis heute. Seit den 1980er-Jahren wurde jedoch zunehmend höher gebaut, bis zu 25 Geschosse, wodurch sich die Dichte erheblich erhöhte. Und es gab immer mehr private PKWs, sie standen einfach überall. Bis heute sind sie ein großes Problem, Tiefgaragen oder Parkhäuser sind zu teuer. Da in den 1990er-Jahren auf allen verfügbaren Flächen gebaut wurde, ist es heute oft schwierig, innerhalb der alten Wohngebiete ein neues Straßennetz anzulegen.

Seite | Pages 52 — 53
Kindergarten Varshavskoe HWY 141.
Buromoscow / PIK Group
Moskau | Moscow, 2017

Moskau wächst. Die Nachfrage nach neuen Wohnprojekte ist hoch. Die Stadt investiert umfangreich in den öffentlichen Nahverkehr, in Straßen, öffentliche Plätze und Parks.

Besitzen Sie auch das Land, auf dem Sie bauen? Behalten Sie Gebäude im Bestand?
Beides ist möglich, dass wir das Land besitzen, auf dem wir bauen, oder pachten. Gegenwärtig verkaufen wir alle unsere Wohnungen. Wir bauen jedoch gerade einen neuen Geschäftsbereich für Wohnungsvermietung auf, da sich die Rahmenbedingungen dafür ändern. Aus wirtschaftlicher Sicht refinanzieren sich diese Projekte erst nach einem viel längeren Zeitraum.

Ich frage nach den Besitzverhältnissen, denn wenn Sie so viel Energie in die Gestaltung der Außenräume stecken und die Wohnungen verkaufen – wer kümmert sich danach um die Freiflächen?
Das ist eine sehr interessante Frage. Hier scheint die Sowjet-Mentalität durch. Die Menschen erfreuen sich an schön gestalteten Außenräumen, wollen dafür aber nicht bezahlen – so etwas soll vom Staat kostenfrei zur Verfügung gestellt werden. Manchmal übernimmt die Stadt die

Instandhaltungskosten. Parallel dazu schaffen wir Gemeinschaften, die sich diese Kosten teilen. Die Menschen zu motivieren und zu überzeugen – das ist ein sich langsam entwickelnder Prozess.

Was passiert, wenn sich eine Hausgemeinschaft nicht an den Kosten beteiligen möchte?
Wir versuchen, sie zu überzeugen. Gleichzeitig teilen wir ihnen mit, dass wenn sich niemand an den Instandhaltungs-

Ein Umdenken setzte erst ein, als Sergei Kusnetsow 2012 Chefarchitekt von Moskau wurde. Für die sowjetischen Masterpläne wurden keine Genehmigungen mehr erteilt, was natürlich einen Aufstand der Bauunternehmen provozierte. Zu den neuen Anforderungen zählen nun eine klare Unterscheidung zwischen öffentlichen und privaten Räumen, Straßen und Fußwegen, ein Erdgeschoss mit öffentlichen Nutzungen, zum Beispiel Geschäften, die Gebäude sollen zu Blöcken gruppiert werden.

Werden die bestehenden Wohngebiete saniert?
Es gibt Instandhaltungsmaßnahmen. Wenn man heute eine neue Wohnung kauft, erwirbt man automatisch für eine monatliche Gebühr einen Instandhaltungsservice. Bei den Gebäuden aus Sowjetzeiten muss man sich mit seinen Nachbarn abstimmen, meist organisiert pro Gebäudeeingang bzw. Wohnblock.

Aber die Wohnblöcke sind riesig …
Whatsapp. Für meine Wohnung bin ich in einer Whatsapp-Gruppe mit etwa 800 Bewohnern. Es funktioniert, es gibt immer besonders Engagierte …

Sanierungen im umfangreichen Sinn finden bis heute nicht statt. Da die Energiekosten niedrig sind, werden die Gebäude auch nicht nachträglich gedämmt. Im Winter muss man oft die Fenster öffnen, weil es durch die Zentralheizung zu heiß wird. Stattdessen hat der Staat mit einem „Renovierungsprogramm", so der offizielle Titel, begonnen. Eigentlich handelt es sich um Abriss und Neubau. Die alten, fünfgeschossigen Wohnblöcke, die sogenannten Chruschtschowki aus den 1950er- und 1960er-Jahren, werden durch wesentlich höhere Neubauten ersetzt. Das ist wirtschaftlicher, die Dichte in den Wohngebieten erhöht sich auf das Zweieinhalbfache.

Verdichtung ist in diesen Wohnvierteln sinnvoll. Viele der Chruschtschowki befinden sich heute sehr nah am Stadtzentrum. 2017 gab es einen Wettbewerb, um Ideen für die Weiterentwicklung dieser Gebäudesubstanz zu sammeln. Es wurden sehr viele Vorschläge diskutiert, auch Erhalt und Aufstockung. Stattdessen wird nun jedoch so schnell abgerissen und neu gebaut, dass keine Zeit für Experimente bleibt. Wir würden uns gern mit dem Umbau des Bestehenden beschäftigen, aber es gibt keine Auftraggeber dafür.

kosten beteiligt, wir das irgendwann auch nicht mehr tun werden.

Und wem gehören die Kindergärten und Schulen?
Wir entwickeln diese Modelle erst seit fünf Jahren. Im Hinblick auf den Lebenszyklus einer Stadt ist das nicht sehr lange. Ursprünglich dachten wir, dass es gut wäre, wenn die Stadt die Kindergärten übernehmen und verwalten würde. Vor zwei Jahren haben wir jedoch beschlossen, die Kindergärten in unserem Besitz zu behalten und sie über einen privaten Betreiber zu verwalten. Diese sind engagierter. In keiner Zeile unserer Verfassung steht, dass Bildung kostenfrei ist, aber die Menschen erwarten es. Die kostenfreie Bildung wird mittels versteckter Gebühren finanziert. Bei unseren Kindergärten versuchen wir, dafür eine gute Balance zu finden.

Sie begleiten Ihre (zukünftigen) Bewohner in vielen Lebensbereichen. Auf welchen verschiedenen Ebenen treten Sie mit Ihnen in Kontakt? Wie wird sich das in Zukunft entwickeln?
Wir interagieren auf allen Ebenen: wenn Sie darüber nachdenken, eine Wohnung zu kaufen; wenn Sie die passende Finanzierung suchen; wenn Sie auf Ihre neue Wohnung warten, während sich diese gerade im Bau befindet; wenn Sie Ihre neue Wohnung erhalten; wenn Sie einziehen; wenn Sie sich entscheiden, Ihre Wohnung zu verkaufen oder zu vermieten.

Der Online-Verkauf wächst. Parkplätze oder Lagerflächen verkaufen wir zum Beispiel nur noch online. Wir waren die ersten, die den ganzen Prozess des Wohnungskaufs, einschließlich der passenden Finanzierung, online angeboten haben. Unsere Kunden müssen nur zweimal in die Unternehmenszentrale kommen – um sich die neuen Quartiere anzusehen und eine Wohnung auszusuchen, später um sich die Schlüssel abzuholen.

Um noch einmal auf die Bestandsgebäude zurück zu kommen: Mit dem „Moskau Standard: Renovierungsprogramm" werden fünfgeschossige Wohnblocks aus den 1950er- und 1960er-Jahren abgerissen und durch höhere Neubauten ersetzt. Inwieweit ist die PIK Group eingebunden? Welche Auswirkungen hat dieses Programm auf den Immobilienmarkt?
Es handelt sich um eine Initiative des Moskauer Bürgermeisters Sergej Sobjanin. Sie umfasst 55 Milliarden Dollar und war die wichtigste Idee seines letzten Wahlprogramms.

Welche Auswirkungen hat das „Renovierungsprogramm" auf den Wohnungsmarkt?
Es lähmt. Generell nimmt der Staat wieder mehr Einfluss auf das Baugeschehen. Entsprechend einem neuen Gesetz von März 2018 müssen Entwickler für jedes neue Projekt ein eigenes Unternehmen gründen. Das hat dazu geführt, dass die Entwickler bis kurz vor Inkrafttreten dieses Gesetzes sehr viele Baugenehmigungen beantragt haben. Dadurch und durch das „Renovierungsprogramm" werden in naher Zukunft sehr viele neue Wohnungen auf den Markt kommen. Moskau wächst und niemand weiß, wann der Wohnungsmarkt gesättigt sein wird.

Was bedeutet das für Euer Büro?
Es gibt immer noch sehr viel Arbeit. In 15 Jahren mussten wir nicht ein Mal ernsthaft Akquise betreiben. Seit wir an der Columbia Universität unterrichten, verbringen wir auch viel Zeit in New York. Wenn wir uns dort den staatlichen Wohnungsbau ansehen und dann nach Moskau zurückkommen, schätzen wir vieles hier mehr wert. Die städtebaulichen Ideen aus den 1970er-Jahren sind gut – das grüne Zentrum, die Bemessung der Distanzen – sie müssen nur an einigen Stellen weiterentwickelt werden.

Seite | Pages 55—59
Neues Wohngebiet | New residential complex Green Park. Buromoscow/PIK group Moskau | Moscow, seit | since 2015

Die PIK Group tritt nur als Stadtplaner, Architekten und Generalunternehmer für die Stadt Moskau auf, um einen Teil dieses Programms umzusetzen. Da wir das größte Wohnungsbauunternehmen in Russland sind, ist das selbstverständlich. Es beteiligen sich jedoch auch viele andere Bauunternehmen. Diejenigen, deren Haus abgerissen wird, erhalten kostenlos eine neue Wohnung. Ein beispielloses Vorgehen. Mit allen Wohngebäuden, die in den kommenden fünf Jahren errichtet werden, wird so verfahren. Was danach passiert und wie sich demzufolge der Markt entwickeln wird, ist noch in der Diskussion.

Sie interessieren sich sehr für den russischen Konstruktivismus, haben das berühmte Melnikow-Haus gekauft und dem Staatlichen Schtschussew-Architekturmuseum geschenkt. Was fasziniert Sie so daran?
Ich bin sehr stolz, dass dieses Haus jetzt öffentlich zugänglich ist. Ich habe dem Museum auch meine umfangreiche Sammlung an Architekturzeichnungen – von Melnikow, Leonidow, Schtschussew, Scholtowski und anderen – geschenkt. Ich habe zudem eine Stiftung gegründet, die über 70 Bücher über Architekten und Künstler der Avantgarde publiziert hat. So geraten sie nicht in Vergessenheit.
Die russische Avantgarde war so kraftvoll, sie hat so

Um die Ausbreitung des Coronavirus zu stoppen, wurden in Moskau ab Ende März weitreichende Ausgangssperren verhängt. Sein Haus verlassen durfte nur, wer einer Tätigkeit nachging, die nicht von zu Hause aus erledigt werden konnte, wer zum Arzt gehen oder einen Großeinkauf erledigen wollte. Selbst Spaziergänge waren verboten. Für längere Fahrten mit dem Auto oder den öffentlichen Verkehrsmitteln benötigte man einen elektronischen Passierschein. Bis zum 9. Juni dauerte das System der „Selbstisolation" an.

Wie hat Euer Büro in den vergangenen Wochen funktioniert? Wie habt Ihr weitergearbeitet?
Alle vom Homeoffice aus – das läuft gut. Nur neue Mitarbeiter haben wir bisher keine eingestellt, ausschließlich auf Basis von Videocalls war uns das zu ungewiss. Ansonsten lief alles weitgehend „normal" weiter. Wir selbst haben unsere Wohnungen ebenfalls selten verlassen. Die Versorgung über Lieferdienste funktioniert in Moskau sehr gut. Supermärkte liefern innerhalb von 15 Minuten.

Hat sich im Planungsprozess etwas verändert?
Nein. Die Selbstisolation galt nicht für Mediziner, Mitarbeiter der Regierung und diejenigen, die in Unternehmen mit „kontinuierlicher Produktion" arbeiten, wozu auch Bauunternehmen gehören. Auf den Baustellen kam es zu Verzögerungen, weil viele der Gastarbeiter aus Zentralasien in ihre Heimatländer gereist waren.

... und an den grundsätzlichen Konzepten für die Gestaltung von Wohnvierteln, etwa der Dichte oder der Dimensionierung der Grundrisse?
Welche Wohnungen in welcher Größe angeboten werden, reguliert der Markt. Die Dichte der Wohnviertel legt die Stadtverwaltung fest. Bereits weit vor der Pandemie lag der Fokus der Stadtplanung in Moskau auf Parks und den öffentlichen Räumen, genauer seit Sergei Sobjanin 2010 Oberbürgermeister von Moskau wurde. 2011 wurde der Gorki Park neu gestaltet. 2017 wurde mit Zaryadye Park auf dem teuersten Baugrund der Stadt, direkt neben Kreml und Rotem Platz, ein neuer Park eröffnet, entworfen vom New Yorker Büro Diller Scofidio + Renfro. Aber seit der Pandemie hat sich gezeigt, in Wohngebieten sind Balkone unverzichtbar. Wie in anderen Ländern auch haben die Menschen von den Balkonen gesungen, zu „Hauskonzerten"

viele westliche Architekten beeinflusst. Während der Sowjetzeit waren diese Architekten und Künstler nicht erwünscht, galten als „weiße Krähen", abgehoben und unangepasst. Dabei waren ihre Gebäude einzigartig und wunderschön, manchmal so neu und radikal, dass viele sie hässlich fanden. Melnikows Wohnhaus zum Beispiel. Doch er hatte das Selbstvertrauen zu sagen, das ist schön. Echte Kunst bewegt sich immer auf dem schmalen Grat zwischen Schönem und Hässlichem. Beides hat denselben Ursprung. Deswegen halte ich das, was wir mit PIK machen, auch für Kunst. Manche Kritiker sagen, es sei hässlich. Das ist für mich der Beweis, dass es sich um echte Baukunst handelt. Etwas, das man in keiner anderen Stadt der Welt findet.

ENG

The PIK Group is Russia's largest housing construction company: two million square metres of living space, mainly in the low-cost segment, are built and sold every year, about 40,000 flats, primarily in Moscow and its surroundings. The turnover in 2018 was nearly four billion US dollars. The buildings are constructed from industrially prefabricated elements but are far more sophisticated than the countless mass-produced buildings from the Soviet period. Considerable work is being invested into the digitalization of processes on all levels, from planning to production and sales. Sergei Gordeev, CEO of PIK Group rarely gives interviews, but he met us at the company headquarters on Barrikadnaya Square in Moscow to talk about designing urban living spaces, creating communities, and Russian constructivism.

The PIK Group develops, plans, and builds; they also have their own factories. From a German perspective, this is a rather unusual business model. What are the reasons for this corporate structure?

eingeladen. Auf Youtube wurde ein Video mit Balkonkonzerten, aufgenommen in einem der von uns entworfenen Wohnviertel, zum Hit.

Enorm gestiegen sind die Preise für Datschen im Moskauer Umland. Inzwischen ist es fast unmöglich, eines dieser Wochenendhäuser zu kaufen oder zu mieten. Und noch etwas hat sich verändert. Das Programm „Moya Ulitsa", „Meine Straße", wurde eingestellt, obwohl es bisher ein fulminanter Erfolg war. 2015 hat Strelka KB, ein Beratungsunternehmen, das sich aus dem Strelka Institut heraus entwickelt hat, einen 900 Millionen Rubel-Auftrag (umgerechnet 13,4 Millionen Dollar) von der Stadt Moskau erhalten, um Standards für die Neugestaltung der Hauptverkehrsstraßen zu entwickeln. Mit der Umgestaltung nahm die Zahl der Fußgänger im Moskauer Stadtzentrum rasant zu, auch die Zahl der Fotos auf Instagram von zentralen Magistralen wie der Twerskaja, zahlreiche neue Restaurants eröffneten. Mit der Coronapandemie war jedoch nicht mehr vermittelbar, Moya Ulitsa fortzuführen, während Krankenhausbetten fehlten.

Wie hat sich der Immobilienmarkt in Moskau verändert?
Projektentwickler waren bereits vor der Pandemie eine sehr volatile Situation, unbeständige Rahmenbedingungen, gewohnt. In Russland können sich die Dinge, einschließlich der politischen Vorgaben, sehr schnell ändern. Aus dieser Perspektive betrachtet, ist die Pandemie einfach ein Unsicherheitsfaktor mehr.

Our two most important business areas are the development of housing projects and general contracting projects. This is supported by our ConTech platform – our proprietary construction technologies and IT systems. We are the largest prefabrication company in Europe. We want to determine which construction technologies will dominate in the future; how we build in general will undergo fundamental changes in the future. To this end, we are also experimenting with modular construction and with timber construction systems such as cross-laminated timber (CLT). When it comes to project development, we don't see ourselves as classic developers, but also as urban planners and architects – all three roles must be considered together. We want to offer spaces with new qualities that correspond to our lifestyles, which are also fundamentally changing. We want to shape the future and we want our projects to inspire.

We have two other business divisions: maintenance and proptech. The PIK Group is the largest housing management company in Russia. We currently manage a total of 50 million square metres of living space, and the trend is rising. This also includes projects by other developers. In the proptech division we are interested in which technologies will break open the real estate market. We are not a classic venture capitalist – we invest only in technologies that we can integrate into our company.

What is so special about your living spaces?
We have developed a PIK standard – 12 principles which apply to every single project: a comprehensive masterplan, multilevel construction, courtyard parks, pedestrian areas, play & sport hubs, organized parking, schools and daycare centres, entrance at ground level, a variety of layouts, large mega-windows, fully finished apartments, diverse architecture, and durable facades.

We also give a great deal of thought to outdoor spaces, because we build on such a large scale. Some of our projects include more than one million square metres of living space and are like small towns. In addition, we build all the necessary infrastructure: schools, daycare centres, and parks. We want to create outdoor spaces where people can relax and recharge their batteries. Certain areas, such as

You were the first architects in Russia to make major use of prefabrication beyond the confines of big former Soviet apartment blocks. How did that come about?
In the Soviet period, design institutes were affiliated with the Ministry of Construction. These were huge "machines" based in Moscow and St. Petersburg, with hundreds of architects. Their designs were then produced by state-owned factories across the entire country. The wild 1990s saw a continuation of this Soviet legacy. The big private developers – KROST, Capital Group, PIK – only came into being in the early 2000s, when they bought up factories and design institutes. Today, the state-owned institutes no longer exist as such.

Our first client was KROST in 2004. They had bought one of those factories, and they had a management team in place but no design team. And they really wanted to do something new. They knew us from OMA in Rotterdam, where I [Olga] had worked. We were in our early thirties and were suddenly designing these enormous buildings, projects with up to a million square metres in floor space. We visited the factory and at first, we were only responsible for the facades, which we upgraded using simple techniques: better materials, a more nuanced design of street and courtyard spaces, concealing the joints in the panelling.

Afterwards, we took on a lot of "improvement commissions". How can a building be constructed from prefabricated elements but at the same time coordinate with the local environment? We have been addressing this question for over 15 years. In the meantime, our office has also come to specialize in other areas: planning open spaces, increasingly public buildings like schools and kindergartens, and constructing high-end apartment buildings.

What is noteworthy about collaborating with PIK, Russia's largest housing company, which is responsible for developing, planning, and building?
PIK already knew our work when they contacted us. They had taken over DSK-3, one of the big former Soviet building enterprises, whose P3M design had been one of the most popular apartment building types produced in the Soviet Union. DSK-3's capacity was around 500,000 square metres per year. We work for them as external specialists, working alongside their in-house team of architects. For the parks in the inner courtyards, are completely car-free. We have developed a system of hubs for sports activities as well as for playing, and organize numerous activities for our residents, from running groups to yoga classes. In large projects, the playgrounds are often small, fairy-tale-like cities, designed together with architects, psychologists, and other experts. The basic idea behind this approach is that everyone should have the right, the opportunity, and a place to play regardless of age or social background.

Why do you conceive of your living areas from the outside-in?
Our projects are always centred around outdoor spaces. Contemporary architecture has already tried to build everything you can imagine. Today, it all looks similar, whether it's designed by offices like BIG or MVRDV, and everyone admires Rem Koolhaas. I think the next huge change will come with public spaces. How do we design them in line with the technological transformation currently underway? If you want to create something new today, you shouldn't be an architect, you should be an urban planner.

You develop entire city neighbourhoods, never single buildings. How difficult is it in Moscow to find enough space?
We are currently converting many former industrial sites. Moscow is growing. The demand for new residential projects is high. The city is investing heavily in public transport, streets, public squares, and parks.

Do you also own the land on which you build? Are you preserving existing stock?
Sometimes we own the land, sometimes we lease the land on which we build. We are currently selling all of our flats. However, we are in the process of building a new residential rental business, as the conditions for this are changing. From an economic standpoint, these projects only turn a profit after a much longer period of time.

I ask about the ownership situation, because if you put so much energy into designing the exterior spaces and selling the apartments, who will then take care of the open spaces?
That's a very interesting question, and this is where the Soviet mentality shows. People enjoy beautifully designed

more than two years we worked with PIK to develop a system that could be applied on levels, from individual apartments to city planning. The system is based on a fixed pattern: the apartment types increase in size in increments of 30 centimetres. This mathematical and logical approach, applied across a variety of different scales, is unbelievably fascinating.

Soviet prefabricated buildings were planned as a rigid system – a load-bearing structure with a facade which was then dogmatically repeated across the entire country, without regard to the surroundings. But our system is very flexible. Apartment types and facades can be varied simply. At the same time, prefabrication – all stages in the work are automated, from design to maintenance – allows construction to be done cheaply and with consistent quality. And it allows us to create a recognizable image.

How would you describe that image?
Fresh, young, colourful, happy. As well as the building themselves, Sergei Gordeev, PIK's owner, regards public spaces as very important. Inner courtyards, green spaces, kindergartens, schools, playgrounds: everything is very modern. PIK often works with foreign architects, you can see that. If you go to Green Park, the new residential com-

plex in Moscow, it doesn't feel like you are in Russia.

What's unusual is how PIK thinks in terms of "products". An apartment or house should function as simply as an iPhone. A year ago, if you went to the salesrooms at their company headquarters in Barrikadnaya Square in Moscow, you would have seen a large number of people, all discussing the possibility of buying. Today there is hardly anyone there at all: people buy online. Apartments are consumer goods, just like cars. Eighty percent of people in Moscow own the home where they live. Project developers have huge sales teams, but also large numbers of people providing maintenance and other services. People are moving to a location like Green Park because they are looking for community, because social living is well organized. There are numerous WhatsApp groups for yoga, jogging, etc.

outdoor spaces, but they don't want to pay for them; the state should provide for them at no charge. Sometimes the city does pay for the maintenance. At the same time, we also create communities that share the costs. Motivating and convincing people to do so is a gradual process.

What happens if a housing community does not wish to contribute to the costs?
We try to convince them. We also tell them that if no one wants to contribute to the maintenance costs, then we will not force it.

And who owns the daycare centres and schools?
We have only been developing this model for five years. In terms of the life cycle of a city, that's not very long. Originally, we thought it would be good if the city took over and managed the daycare centres. However, two years ago we decided to keep them in our possession and manage them through a private operator that is more committed. Nowhere in our country's constitution does it say that education is free, but people expect it. Free education is financed by hidden fees. In our daycare centres we try to find a good balance for this.

59

The developers are in touch with future clients on a lot of different levels. There is real competition, especially for middle-class customers – families with a stable income.

Prices for apartments in Moscow are falling...
Yes, slowly. No one really knows how many new apartments are really needed. Nonetheless everyone keeps building.

In the 1950s, the Soviet Union began to build huge residential projects, within an entirely different political and social system than today's. Which of the Soviet standards still remain, and what has changed?
Since the 1970s, the mikroraion (microdistrict) of 60 hectares has been the smallest unit used in urban planning. Schools, kindergartens, and clinics are located in the centre, surrounded by apartment blocks, which at first were built with five, nine or twelve floors. Shops for daily necessities were grouped around the edge of the residential area, enclosed by large roads. There were only footpaths and routes for emergency vehicles and deliveries in the interior of the microdistrict, no paved roads. Parking spaces were not included in the plan, since in the 1970s there were very few private cars. These standards and measurements are basically still in effect today. Since the 1980s, the apartment blocks have been built higher and higher, up to 25 floors, which sharply increased population density. And there were more and more private cars, they were parked everywhere – it's still a big problem today. Underground or multi-storey car parks are too expensive. Since nearly all available spaces were developed in the 1990s, today it's often difficult to lay out a new road network within the old residential areas.

Only when Sergei Kuznetsov became Moscow's chief architect in 2012 was there a rethinking of the system. Planning permits were no longer granted for developments based on the Soviet masterplans, which of course prompted a rebellion on the part of the developers. The new by-laws now mandate a clear distinction between public and private spaces, streets, and footpaths and insist that the ground floor be given over to public functions, for example shops. The buildings are meant to be grouped together in blocks.

You accompany your (future) residents in many areas of life – at which levels do you interact? How will this develop in the future?
We interact at all levels: when you are thinking about buying a flat; when you are looking for suitable financing; when you are waiting for your new flat while it is under construction; when you receive your new flat; when you move in; when you decide to sell or rent out your flat.

Online sales are growing. For example, we only sell parking spaces or storage areas online. We were the first to offer the entire process of buying a home online, including the appropriate financing. Our customers only have to come to our office twice: once to view the new housing complex and choose a flat, and later to pick up the keys.

To come back to the topic of existing stock: With the Moscow housing renovation programme, five-storey apartment blocks from the 1950s and 1960s are being demolished and replaced by higher buildings. To what extent is the PIK Group involved? What impact does this programme have on the real estate market?
This relates to an initiative by Moscow's Mayor Sergei Sobyanin. It is a 55-billion-dollar investment and was the most

Will existing residential areas be renovated?

There are maintenance measures in place. If you buy a new apartment now, your monthly service fee will automatically include maintenance. In the old Soviet-era buildings, you have to make arrangements with your neighbours; residents mostly organize around individual apartment blocks or the apartments served by different entrances.

But the apartment blocks are enormous...

WhatsApp! For my own apartment I am in a WhatsApp group with about 800 other residents. It works – there are always a few people who get particularly involved...

But there has still been no comprehensive renovation work. Since energy costs are low, buildings are not retrofitted with insulation. In winter, you often have to open the windows, since the buildings are overheated by the central heating system. Although the state has launched an official housing "renovation" programme, actually it's all about demolition and new buildings. The old five-storey apartment blocks, the Khrushchevki from the 1950s and 1960s, have been replaced by substantially taller structures. This is more economic; population density in residential areas has increased by a factor of 2.5.

Denser population makes sense for these residential areas. Many of the Khrushchevki are now very close to the city centre. In 2017, there was a competition meant to generate ideas about how to develop these legacy buildings. Many suggestions were discussed, including preservation and the addition of more storeys. But in fact, now they are being torn down very quickly and new buildings put in their place. It's all happening so fast, that there is no time for experiments. We would like to work on the conversion of the existing buildings, but there are no clients who want this.

What effects has Moscow's renovation programme had on the housing market?

It's paralysing. In general, the state is again increasing its influence on new construction. According to a new law from March 2018, a new company must be founded for every new project. So just before that law came into effect, developers hurriedly applied for a large number of building permits. This, and the renovation plan, mean that many new apartments will come on the market in the near future. Moscow is growing and no one knows when demand in the housing market will be satisfied.

important proposal in his last election campaign. The PIK Group serves as an urban planner, architect, and general contractor for the city of Moscow to implement part of this programme. Since we are the largest housing construction company in Russia, this is a matter of course. But there are many other construction companies that are also involved. Anyone whose building is being demolished will receive a new flat free of charge – this is an unprecedented approach. All of the residential buildings built in the next five years will be dealt with in this way. What happens after that, and how the market will develop as a result, is still under discussion.

Seite | Pages 60–62
Triumfalnaya Square. Buromoscow/DKR.
Moskau | Moscow, 2015

What does that mean for your company?

There is a still a lot of work. In 15 years, we never seriously had to make acquisitions. Since we began teaching at Columbia University, we also spend a lot of time in New York. If we look at public housing construction there, and then come back to Moscow, there's a lot here that we appreciate more. Urban planning ideas from the 1970s are good – the green centre, the measurement of distances – they just have to be developed further in some respects.

July 2020

In order to stop the spread of the coronavirus, extensive curfews were imposed in Moscow starting in late March. Only those whose work could not be done from home, or who wanted to go to the doctor or make bulk purchases, were allowed to leave their home. Even taking a walk was forbidden. For longer journeys by car or public transport, an electronic pass was required. This system of self-quarantine lasted until 9 June.

How did your office function during the past weeks? How did you manage to continue working?

We did everything from our home office; it went well. We didn't make any new hires, though; doing so solely on the basis of video calls is too risky. Apart from that, everything continued as "normal". We rarely left our apartments. Shopping through delivery services works very well in Moscow – supermarkets deliver within 15 minutes.

Were there any changes to the planning process?

No. Self-quarantine did not apply to medical professionals, government employees, or those working in businesses involved in "continuous production", including construction companies. Some construction sites encountered delays because many of the contract workers were coming from their home countries in Central Asia.

How about the basic concepts for the design of residential areas, such as density or floor plan dimensions?
Which apartments are offered in which size is regulated by the market. The density of residential areas is determined by the city administration. Long before the pandemic, the focus of urban planning in Moscow was on parks and public spaces, particularly since Sergei Sobyanin became mayor of Moscow in 2010. Gorky Park was redesigned in 2011. And in 2017, the new Zaryadye Park, designed by New York-based architects Diller Scofidio + Renfro, was opened on the city's most expensive building site, right next to the Kremlin and Red Square. But since the pandemic, it has become clear that balconies are indispensable in residential areas. As in other countries, people have held "house concerts" and sung from their balconies. A video on YouTube featuring balcony concerts, recorded in one of the residential areas we designed, became a hit.

The prices for dachas in the Moscow area have skyrocketed. It's become nearly impossible to buy or rent a weekend home. And something else has changed: the programme Moya Ulitsa (My Street) was discontinued, despite it being a resounding success. In 2015, Strelka KB, a consulting firm that split off from Strelka Institute, was award-ed a contract for 900 million rubles (USD 13.4 million) by the City of Moscow to develop standards for the redesign of major roads. This redesign led to a rapid increase in the number of pedestrians in the Moscow city centre, as well as the number of photos on Instagram of the main avenues, such as the Tverskaya, where many new restaurants opened. With the corona pandemic, however, it was no longer justifiable to continue the Moya Ulitsa programme while hospital beds were missing.

How has the real estate market in Moscow changed?
Even before the pandemic, project developers were accustomed to a very volatile situation with unstable conditions. In Russia, things can change very quickly, including political guidelines. Seen from this perspective, the pandemic is simply one more factor of uncertainty.

You are very interested in Russian Constructivism and bought the famous Melnikov House and donated it to the State Shchusev Architecture Museum. What do you find so fascinating about it?
I am very proud that this building is now open to the public. I have also donated my extensive collection of architectural drawings to the museum – by Melnikov, Leonidov, Shchusev, Sholtovsky, and others. Additionally, I established a foundation that has published over 70 books on avant-garde architects and artists, so they won't be forgotten.

The Russian avant-garde was so powerful. It influenced very many Western architects. During the Soviet era, these architects and artists were not wanted – they were considered "white crows" – aloof and non-conformist. Yet their buildings were unique and beautiful, sometimes so new and radical that many found them ugly. Melnikov's residence was one such example, but he had the confidence to say that it was beautiful. Real art always walks the fine line between the beautiful and the ugly. Both have the same origin. That's why I consider what we do with PIK to be art. Some critics say it's ugly. For me, that's proof that it is real architecture. Something you won't find in any other city in the world.

Bodenpolitik – Wohin geht die Reise?

Land Policy – Where's It Headed?

Ein Aufruf | A call to action

---

von | by Christiane Thalgott, Stadtbaurätin i. R.,
München | Planning Commissioner, ret., Munich

"The European residential sector is the biggest growth opportunity for institutional capital."
(REFI Europe, Montag, 2. September 2019)

Kommt die europäische Stadt unter die Räder der kapitalistischen Ökonomie? Die Forderung **„Mehr Gerechtigkeit"**[1] steht auf der politischen Agenda und darf nicht den extremen Parteien überlassen werden.

Einige Überlegungen und Handlungsnotwendigkeiten für unsere Städte

Der Boden ist unverzichtbar, nicht vermehrbar, man kann ihn nicht transportieren, allerdings zerstören. Trotzdem werden Immobilien, wird Boden, heute wie eine sonstige Ware überall gehandelt, international, an der Börse, aber auch auf dem schwarzen Markt.

Seit dem Börsencrash 2008 und der Niedrigzinspolitik in der EU suchen die internationalen Anleger neue und andere Anlagemöglichkeiten für ihr Geld als Aktien o. ä.; weniger volatil und gerne reale Werte, Wohnungen, Häuser, Wälder und Felder. Sie bevorzugen Länder mit einer sicheren Regierung, sicherer Justiz, sicherer Ökonomie, gerne in Europa.

Das führt im städtischen und ländlichen Kontext zu bisher unbekannten neuen Problemen. Die Menschen erleben, dass ihre Heimat von internationalen Gesellschaften aufgekauft wird, Mieten und Pachten steigen und so die bekannte Umgebung und ihre Einflussmöglichkeiten verloren gehen. Das Primat der Ökonomie, an

1 Hans-Jochen Vogel, Mehr Gerechtigkeit! Wir brauchen eine neue Bodenordnung – nur dann wird auch Wohnen wieder bezahlbar (Verlag Herder, 2017).

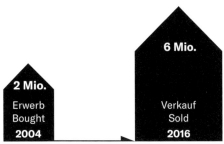

Leistungslose Wertsteigerung eines Mehrfamilienhauses in München | Increase of value of a multifamily home in Munich without increase in improvement.

Stelle des gesellschaftlichen Miteinanders, wird als ungerecht, als politisches Versagen bewertet und führt zu Politikverdrossenheit.

Der biblische Auftrag: „macht Euch die Erde untertan" kann so doch nicht gemeint gewesen sein.

Das Planungsrecht und Bodenrecht in Deutschland

Trotz des Postulats in Artikel 14.2 Grundgesetz: **„Eigentum verpflichtet. Sein Gebrauch soll zugleich dem Wohle der Allgemeinheit dienen."** hat das deutsche Planungsrecht eine deutlich einseitige Ausrichtung zum Schutz des privaten Eigentums bei Entschädigung und Enteignung (immer zum Marktwert, nicht zum Ertragswert). Die jährlichen Bodenwertsteigerungen (bis zu zehn Prozent im Jahr) unterliegen keiner Besteuerung und übertreffen die Einkommenszuwächse durch Arbeit (maximal zwei bis drei Prozent) erheblich, sodass ein immer größerer Teil des Einkommens gerade der jüngeren Haushalte der Mittelschicht für Miete bezahlt werden muss. Mit dem Arbeitseinkommen allein ist Wohneigentum schwer oder nicht mehr erreichbar, wohingegen sich der Wert des vorhandenen Wohneigentums im Schlaf vermehrt. Immer deutlicher und lauter stellt sich in der Gesellschaft die Gerechtigkeitsfrage.

In den so genannten Boomstädten wie Berlin, Frankfurt, München, aber auch kleineren Universitätsstädten wie Tübingen, führt die Ökonomisierung des Wohnungsmarktes zu politischen Protesten. Die Folgen davon sind zu steuernde kommunale Eingriffe in den Miet- und Bodenmarkt wie Mietendeckel, Erhaltungssatzungen, Konzeptausschreibungen, aber auch (Rück-)Kauf von Bestandswohnungen und Neujustierung der Mieten bei den eigenen Beständen.

Die heftige gesellschaftspolitische Diskussion und die von vielen Bürgern akzeptierte und sogar unterstützte Forderung „Deutsche Wohnen & Co enteignen" in Berlin (eine Wohnungsgesellschaft, die allein in Berlin 116.000 Einheiten besitzt), hat zu Reaktionen im Umgang mit den Mietern und den Mieten bei einigen der großen Wohnungsgesellschaften geführt. Denn die öffentliche Diskussion und die befürchteten politischen Reaktionen wirkten sich letztlich auch auf die Aktienkurse aus. **Gesellschaftlicher Friede statt Rendite um jeden Preis, ist die neue Devise.**

Eine Chronologie der Ereignisse

Soziales Bodenrecht SoBoN
Anfang der 1990er-Jahre wurde die gesetzliche Grundlage für die städtebaulichen Verträge geschaffen, die ermöglichten, Private an den Infrastrukturkosten und sozialem Woh-

nungsbau zu beteiligen. In München wurde die SoBoN, die „sozialgerechte Bodennutzung", für alle Neubaugebiete eingeführt: Planungskosten, Erschließung, Infrastruktur und heute 40 Prozent kostengünstiger Wohnungsbau müssen geleistet werden. Andere Städte folgten dem Beispiel.

Globalisierung und Finanzialisierung des Immobilienmarkts nach 2008

Mit dem Bankencrash veränderten sich die Anlagemärkte, Immobilien wurden zum sicheren „Asset", besonders attraktiv in politisch und ökonomisch sicheren Ländern. Die internationalen Anleger drängten mit bisher nicht gekannten, hohen Preisen auf den nach ihren Maßstäben unterbe-

---

GESETZE, BESCHLÜSSE UND EREIGNISSE IN MÜNCHEN | LAWS, RESOLUTIONS, AND RESULTS IN MUNICH
BUNDESWEITE GESETZE, BESCHLÜSSE UND EREIGNISSE | FEDERAL LAWS, RESOLUTIONS, AND RESULTS
RELEVANTE ZEITEREIGNISSE | RELEVANT EVENTS

▬▬▬▬ Baulandpreisindex München | Building land price index Munich, 1995–2018 (1995 = 100)
▬▬▬▬ Nominallohnindex bundesweit | Nominal wage index nationwide, 1995–2018 (2010 = 100)

Veränderung des Verhältnisses von Baulandpreisen (■) zu Baukosten (▨) im Wohnungsbau in München
Change in the ratio of building land prices (■) to building costs (▨) for residential construction in Munich

25 m²
pro Person
per person

1980

Beschluss des Bundesverfassungsgerichts vom **12.01.1967**: „Die Tatsache, dass der Grund und Boden unvermehrbar und unentbehrlich ist, verbietet es, seine Nutzung dem unübersehbaren Spiel der Kräfte und dem Belieben des Einzelnen vollständig zu überlassen; eine gerechte Rechts- und Gesellschaftsordnung zwingt vielmehr dazu, die Interessen der Allgemeinheit in weit stärkerem Maße zu bringen als bei anderen Vermögensgütern ..." | Resolution by the Federal Constitutional Court on **12 January 1967**: "The fact that land is a limited and essential resource prohibits leaving its use entirely to the conspicuous interplay of forces and to the individual's discretion; a just legal and social order compels us to serve the interests of the general public to a far greater extent than with other assets..."

1970 SPD bildet Kommission für eine Bodenrechtsreform. | SPD forms commission on land law reform

1960 Aufgabe der Preisstoppverordnung von 1936 in Westdeutschland | Abolition of the price freeze regulation of 1936 in West Germany

1972 Der Münchner Stadtrat fordert Reform des Bodenrechts. | Munich City Council demands land law reform

1950

1960

1970

1980

1949 Das Grundgesetz für die Bundesrepublik Deutschland tritt in Kraft. | Basic Law for the Federal Republic of Germany comes into force

1960 Das Bundesbaugesetz tritt in Kraft. | Federal Building Act comes into force

1971 Einführung des Städtebauförderungsgesetzes | Urban Development Act introduced

1977 Die Neufassung des Bundesbaugesetz tritt in Kraft. | New version of the Federal Building Act comes into force

Postulat in Artikel 14.2: „Eigentum verpflichtet. Sein Gebrauch soll zugleich dem Wohle der Allgemeinheit dienen." | Article 14.2 of the Basic Law for the Federal Republic of Germany: "Property entails obligations. Its use should also serve the public interest."

92%
8%
1962

84%
16%
1970

werteten deutschen Markt. Sie kauften große, bisher sehr günstig vermietete, unternehmenseigene Wohnungsbestände auf, oft in „Share Deals", und erhöhten die Mieten systematisch. Da die Gemeinnützigkeit der Wohnungsgesellschaften 1990 entfallen war und nach 30 Jahren auch die Beschränkungen aus der Wohnungsbauförderung entfielen, gab es außer den allgemeinen Mietgesetzen keine

Einschränkungen. Zehn bis zwölf Prozent Rendite pro Jahr waren erzielbar. Die eingeübten Instrumente der Städte reichten nicht mehr aus, um den örtlichen Markt zu steuern.

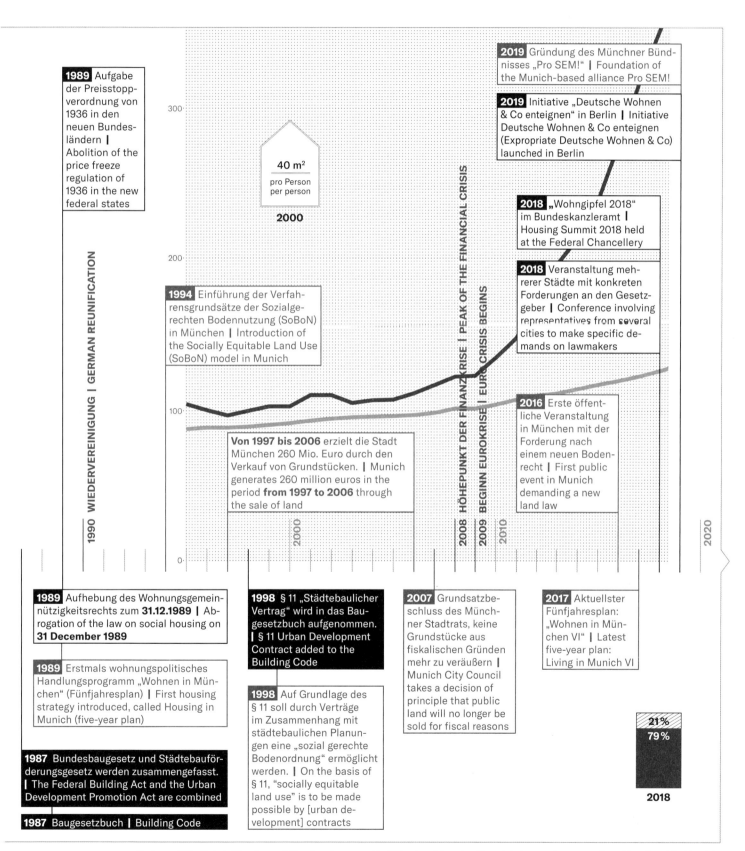

1989 Aufgabe der Preisstopp-verordnung von 1936 in den neuen Bundesländern | Abolition of the price freeze regulation of 1936 in the new federal states

2019 Gründung des Münchner Bündnisses „Pro SEM!" | Foundation of the Munich-based alliance Pro SEM!

2019 Initiative „Deutsche Wohnen & Co enteignen" in Berlin | Initiative Deutsche Wohnen & Co enteignen (Expropriate Deutsche Wohnen & Co) launched in Berlin

2018 „Wohngipfel 2018" im Bundeskanzleramt | Housing Summit 2018 held at the Federal Chancellery

2018 Veranstaltung mehrerer Städte mit konkreten Forderungen an den Gesetzgeber | Conference involving representatives from several cities to make specific demands on lawmakers

2016 Erste öffentliche Veranstaltung in München mit der Forderung nach einem neuen Bodenrecht | First public event in Munich demanding a new land law

40 m² pro Person per person **2000**

1994 Einführung der Verfahrensgrundsätze der Sozialgerechten Bodennutzung (SoBoN) in München | Introduction of the Socially Equitable Land Use (SoBoN) model in Munich

Von 1997 bis 2006 erzielt die Stadt München 260 Mio. Euro durch den Verkauf von Grundstücken. | Munich generates 260 million euros in the period **from 1997 to 2006** through the sale of land

1990 WIEDERVEREINIGUNG | GERMAN REUNIFICATION

HÖHEPUNKT DER FINANZKRISE | PEAK OF THE FINANCIAL CRISIS

BEGINN EUROKRISE | EURO CRISIS BEGINS

2008 | 2009 | 2010 | 2020

1989 Aufhebung des Wohnungsgemeinnützigkeitsrechts zum **31.12.1989** | Abrogation of the law on social housing on **31 December 1989**

1989 Erstmals wohnungspolitisches Handlungsprogramm „Wohnen in München" (Fünfjahresplan) | First housing strategy introduced, called Housing in Munich (five-year plan)

1987 Bundesbaugesetz und Städtebauförderungsgesetz werden zusammengefasst. | The Federal Building Act and the Urban Development Promotion Act are combined

1987 Baugesetzbuch | Building Code

1998 § 11 „Städtebaulicher Vertrag" wird in das Baugesetzbuch aufgenommen. | § 11 Urban Development Contract added to the Building Code

1998 Auf Grundlage des § 11 soll durch Verträge im Zusammenhang mit städtebaulichen Planungen eine „sozial gerechte Bodenordnung" ermöglicht werden. | On the basis of § 11, "socially equitable land use" is to be made possible by [urban development] contracts

2007 Grundsatzbeschluss des Münchner Stadtrats, keine Grundstücke aus fiskalischen Gründen mehr zu veräußern | Munich City Council takes a decision of principle that public land will no longer be sold for fiscal reasons

2017 Aktuellster Fünfjahresplan: „Wohnen in München VI" | Latest five-year plan: Living in Munich VI

21% 79% **2018**

Bodenpolitik: Entwicklungen auf Bundesebene und in München | Land policy: developments on a national level and in Munich

Veränderter Wohnungsmarkt und Proteste

„Wohnen ist ein Grundrecht!"[2] Der demographische Wandel mit den wachsenden Zahlen der Ein-Personen-Haushalte, die Arbeitszuwanderung aus ländlichen Regionen und Osteuropa und die Ausbildungszuwanderungen führen zu wachsendem Wohnungsbedarf.

Die hohen Mieten und die Wohnungsknappheit treffen besonders junge Haushalte, deren Einkommen begrenzt ist, dazu gehören heute nicht nur die Erzieherin und Krankenpfleger sondern auch junge Ärztinnen und andere Akademikerhaushalte. 2015 finden sich in München erste Protestgruppen, die sich mit der Situation nicht abfinden wollen und das Geschehen auf dem Wohnungsmarkt – mit Mietpreisen von über 20 Euro pro Quadratmeter und Kaufpreisen von 10.000 bis 20.000 Euro pro Quadratmeter in Neubauten zum Beispiel in einem ehemaligen Industriegebiet – skandalös finden.

Die Stadt gehört allen. Eine Stadt, in der nur noch Arme – öffentlich unterstützt – und Reiche leben können, ist nicht lebenswert. Ihr fehlt die Mischung unterschiedlicher Menschen. Der Markt wird es nicht richten, das ist nur zu deutlich. Der Markt folgt anderen Gesetzen. Er ist nicht gerecht, nicht sozial, nicht nachhaltig.

Im **Mai 2016** organisierte man eine erste öffentliche Veranstaltung in München, die EIN NEUES BODENRECHT forderte und einen Appell an die Bundes-, Landes- und Stadtpolitik und die Stadtgesellschaft richtete, das Gemeinwohl in der Bodenpolitik zu stärken. Sie stieß weitere Aktivitäten auch in anderen Städten und Verbänden an und trug das Thema in die politischen Parteien, um die Gesetzgebung zu beeinflussen.

Im **Sommer 2018** wurde eine weitere Fachveranstaltung gemeinsam mit anderen Städten organisiert, in der konkrete Forderungen an den Gesetzgeber formuliert wurden:

— Steuern mit Steuern
— strategische kommunale Bodenvorratspolitik
— Ausschreibung und Vergabe kommunaler Grundstücke im Erbbaurecht und Konzeptverfahren
— gemeinwohlorientiertes Boden- und Planungsrecht, einschließlich mehr Transparenz bei allen Eigentums- und Bodentransaktionen

Die Veranstaltung hatte eine sehr gute Resonanz in der Fachpolitik, bei allen kommunalen Verbänden und ihren Mitgliedern.

Protestler gingen bundesweit auf die Straße, in Berlin, Frankfurt und München. Mit der Berliner Initiative „Deutsche Wohnen & Co enteignen" und den folgenden

2 Rede von MdB Dagmar Schmidt zur Debatte um die Wohnkostenlücke, 18.02.2019, https://www.spdfraktion.de/themen/reden/wohnen-grundrecht (abgerufen am 24. Februar 2020)

Aktivitäten des Senats entstand auch internationale Aufmerksamkeit. Im Bundesbauministerium befasste sich eine Arbeitsgruppe mit den Themen.

Im September 2018 schließlich hatte die Bundesregierung einen Wohngipfel einberufen, an dem alle Wohnungsverbände und auch die kommunalen Vertreter geladen waren, um Lösungsvorschläge zu erarbeiten. Einige unterstützende Hilfen wie Bodenfonds, günstiger Verkauf von Bundesgrundstücken und gegebenenfalls Anpassung der Wertermittlungsverordnung an Ertragswerte bei öffentlich gefördertem Wohnungsbau, sind hilfreich und zeigen Verständnis für die Nöte der Kommunen. Auch die Innenbereichssatzung, um § 34 BauGB stärker an den Infrastrukturkosten zu beteiligen, wird erwogen. Da ein Eingriff in das Privateigentum im Koalitionsvertrag von vornherein ausgeschlossen war, ist zurzeit eine grundsätzliche, größere Gemeinwohlorientierung im Planungs- und Bodenrecht ausgeschlossen.

Oktober 2020

Corona hat die Problematik noch verschärft, das Bodenrecht ist von der politischen Agenda verdrängt. Corona wird Arbeiten, Wohnen und Freizeit ebenso wie den Handel und die Mobilität beschleunigt verändern. Die Städte und Gemeinden sind zur Zeit finanziell und personell stark durch Corona belastet; die dringend notwendige Entwicklung vorhandener und neuer Quartiere hat kaum Priorität, während der Immobilienhandel unvermindert die Preise treibt.

Mehr Gerechtigkeit im Bodenrecht

Offensichtlich ist mehr öffentlicher Druck erforderlich, um eine ausgewogene, am Gemeinwohl orientierte Wohnungs- und Bodenpolitik zu erreichen. Die Tatsache, dass es heute ganz andere Marktbeteiligte gibt als vor 60 Jahren, zur Zeit der Entstehung des Baugesetzbuchs, erfordert dringend eine neue Justierung. Internationale Fonds, die ihren Aktionären verantwortlich sind, stehen in der Konkurrenz um Grundstücke kleinen und größeren Gemeinden gegenüber, die für die Infrastruktur, Bildung und die soziale Gerechtigkeit für ihre Bewohner und Bewohnerinnen verantwortlich sind. Dieses Missverhältnis scheint bei den konservativen, Heimat-bewussten Koalitionären noch nicht bemerkt worden zu sein. Sie denken bei Privateigentum immer noch wesentlich an Onkel Ottos oder Tante Klaras Häuschen, nicht an Black Rock und andere internationale Investoren. Mehr Transparenz im Bodenmarkt, wie in Dänemark, und ein preislimitiertes Vorkaufsrecht für die Kommunen wären ein guter Anfang einer neuen Bodenpolitik; die Besteuerung der Bodenwertzuwächse ein 40 Jahre alter Wunsch für die Zukunft.

"The European residential sector is the biggest growth opportunity for institutional capital."
(REFI Europe, Monday, 2 September 2019)

Is the European city coming under the wheels of the capitalist economy? The demand for more social equity in land law is on the political agenda and must not be left to the extreme parties.[1]

Considerations and reasons for action in our cities

Land is indispensable: it cannot be reproduced or transported, but it can be destroyed. Nevertheless, real estate, land, is being traded everywhere today like any other commodity: internationally, on the stock exchange, but also on the black market. Since the stock market crash of 2008 and the EU's low interest rate policy, international investors have been seeking new and different investment opportunities for their money as shares or similar – investments that are less volatile with preferably real value, such as apartments, houses, forests, and fields. They prefer countries with secure government, secure justice, and a secure economy, preferably in Europe.

In urban and rural contexts, this is leading to previously unknown problems. People are seeing international companies buy up their homeland; rents and leases are rising, and familiar surroundings and their influence are being lost. The primacy of the economy over the social fabric is being seen by the people as unjust and a political failure and is leading to their disenchantment with politics.

The biblical mandate to "Subdue the earth" could not have been meant in this way.

Planning law and land law in Germany

Despite the claim in Article 14.2 of the Basic Law – **"Property entails obligations. Its use should also serve the public interest."** – German planning law has a blatantly one-sided orientation towards the protection of private

1 Hans-Jochen Vogel, *Mehr Gerechtigkeit! Wir brauchen eine neue Bodenordnung – nur dann wird auch Wohnen wieder bezahlbar* (Verlag Herder, 2017).

property with regard to compensation and expropriation (always at market value, not at capitalized earnings value). The annual increases in land value (up to 10 percent per year) are not subject to taxation and considerably exceed increases in earned income (maximum 2 to 3 percent). As a result, younger middle-class households are spending an increasingly large part of their earned income on rent. Home ownership is difficult or impossible to achieve through earned income alone, whereas the value of existing home ownership is growing practically in its sleep. The demand for social equity is becoming louder and clearer among the population.

In the so-called boom cities such as Berlin, Frankfurt, and Munich, but also in smaller university cities such as Tübingen, the economization of the housing market has led to political protests. These, in turn, have led to municipal interventions in the rental and property market such as rent caps, maintenance statutes, concept tenders, as well as the (re)purchase of existing housing stock and readjustment of rents for publicly owned properties.

The fierce sociopolitical debates and the loud calls to "Expropriate Deutsche Wohnen & Co" in Berlin (a housing company that owns 116,000 units in Berlin alone), which is accepted and supported by many citizens, has led some of the major housing companies to change how they deal with tenants and rents. After all, the public debate and the feared political reactions ultimately have an impact on share prices. **Social peace instead of returns at any price, is the new motto.**

A chronology of events

SoBoN – Socially Equitable Land Use Plan
In the early 1990s, a legal basis for urban development contracts was established, making it possible for private investors to share in infrastructure costs and social housing construction. In Munich, the Socially Equitable Land Use Plan (SoBoN) was introduced for all new development areas. It subjects private developers of large-scale housing estates to contribute to planning, development, and infrastructure costs, and today provide 40 percent of its stock as publicly subsidized housing. Other cities have followed this example.

Globalization and financialization of the real estate market after 2008
Following the bank crash, investment markets changed and real estate became a safe "asset" meant to stabilize countries politically and economically. International investors pushed the German market – which was undervalued by their standards – to unprecedentedly high prices. They bought up large, previously very cheaply rented, company-owned residential portfolios, often in share deals, and systematically increased rents. Because the non-profit status of the housing companies had been lifted in 1990, and

after 30 years the rent caps that had accompanied public housing subsidies also expired, there were no restrictions to private ownership apart from the general rental laws. This meant that a 10 to 12 percent return per year was achievable. The instruments used by the cities to control the local market were no longer sufficient.

Transformation of the housing market and protests
"Housing is a fundamental right!"[2] The demographic changes taking place – the growing number of one-person households, the migration of labour from rural regions and Eastern Europe to cities, as well as the flow of younger people to the cities for professional training or university studies and to start their careers – are leading to growing demands for housing.

High rents and the housing shortage particularly affect young households whose income is limited. Today this includes not only childhood educators and nurses but also young doctors and academic households. In 2015 the first protest groups were formed in Munich by those unwilling to accept the situation. For them, what is happening on the housing market is scandalous, with rents of over 20 euros per square metre and purchase prices of 10,000 to 20,000 euros per square metre in new buildings, for example in former industrial areas.

The city belongs to everyone. A city that can only be inhabited by the rich and by the poor, as recipients of state support, is not worth living in and lacks diversity. But it is only too clear that the market will not fix the situation. The market follows different rules. It is not equitable, social, or sustainable.

In **May 2016**, a first public event in Munich was held. It called for land law reform and appealed to federal, state, and city politicians as well as the citizens of the city to strengthen the status of the common good in land law. It also initiated further activities and associations in other cities and raised the topic in the political parties in order to influence legislation.

In **summer 2018** another such expert event was organised together with other cities, in which concrete demands were formulated for lawmakers. They included:

Reform of land and property tax
Strategic municipal land reserve policy
Tendering and awarding of municipal property through leasehold and a concept-oriented bidding process
Land and planning policies oriented towards the common good, including greater transparency in all property and land transactions

2   Speech by German Federal Parliament Member, Dagmar Schmidt, on the debate about the housing cost gap, 18 February 2019, https://www.spdfraktion.de/themen/reden/wohnen-grundrecht (24 February 2020)

Seite | Pages 68—71 Demonstrationen gegen Mietpreise in Berlin und Stuttgart | Protests against high rents in Berlin and Stuttgart

The event was very well received by policy experts and by all of the municipal associations and their members.

Protesters took to the streets nationwide – in Berlin, Frankfurt, and Munich. International attention was also generated by the Berlin-based initiative "Expropriate Deutsche Wohnen&Co" and by the Berlin Senate's response. A working group at the Federal Ministry of Construction was formed to address these issues.

Finally, in September 2018, the German federal government convened a housing summit to which all housing associations and municipal representatives were invited to develop possible solutions. Helpful support measures – such as land funds, favourable sales of federal land, and, if necessary, adaptation of the Valuation Ordinance to income values for publicly subsidized housing construction – show understanding for the hardships that the municipalities face. Consideration is also being given to changes to the German Federal Building Code concerning inner urban (§ 34 BauGB) to ensure that building projects contribute more to infrastructure costs. Since an encroachment on private property was excluded from the outset in the coalition agreement [by the current federal government], a fundamental, greater orientation towards the common good is currently ruled out in planning and land law.

October 2020

The Covid-19 pandemic has aggravated existing problems and land law has been pushed off the political agenda. The coronavirus is accelerating change in the areas of work, housing, and leisure, as well as in retail trade and mobility. Cities and municipalities are currently under extreme financial pressure with dramatic personnel shortages due to the coronavirus. The urgently needed development of existing and new neighbourhoods is now hardly a priority, while the real estate market continues to drive prices up.

A more equitable land law

Obviously, more public pressure is needed to achieve a balanced housing and land policy oriented towards the common good. Given the fact that today there are completely different market participants than 60 years ago, when the German Building Code was created, reform is urgently needed. International funds responsible to their shareholders are competing for land with small and large communities responsible for infrastructure, education, and social equity for their residents. This imbalance seems to have gone unnoticed by conservative, locally focused coalition members. Their idea of private property is more along the lines of Uncle Otto's or Aunt Clare's cottage, than Black-Rock and other international investors. More transparency in the real estate market – as there is in Denmark – along with a price-restricted right of first refusal for municipalities would be a good place to begin for the new land policy. The implementation of a tax based on land value increases is a 40-year-old wish for the future.

Mehr Geld für Autos als für Kinder auszugeben, ist nicht erstrebenswert

Spending More Money on Cars Than on Children Isn't Worthwhile

Interview mit | with
Erion Veliaj, Bürgermeister
von | Mayor of Tirana

von | by Nadin Heinich

Wie schon sein Vorvorgänger, der derzeitige albanische Ministerpräsident Edi Rama, zieht auch Erion Veliaj viel internationale Aufmerksamkeit auf Tirana. Architekturbüros wie OMA, MVRDV und Stefano Boeri realisieren hier derzeit Projekte. Veliajs politisches Engagement reicht zurück bis in das Jahr 2003, als er der Mitgründer von MJAFT! (albanisch für „Genug!") war, eine Nichtregierungsorganisation, die sich gegen Armut und Arbeitslosigkeit, das desolate Bildungs- und Gesundheitswesen, Korruption und die Diskriminierung von Frauen wendete.

Seite | Pages 72/73
Tiranas neues Herz: der Skanderbeg-Platz. Umgestaltung durch 51N4E. 2017 | The new heart of Tirana: Skanderbeg Square, redesign by 51N4E. 2017

Seite | Page 74
Erion Veliaj (links), Bürgermeister von Tirana, zusammen mit dem italienischen Botschafter Alberto Cutillo (rechts) auf einem Rundgang im Januar 2019 | Erion Veliaj (left), Mayor of Tirana, with Italian Ambassador Alberto Cutillo (right), on a tour in January 2019

Anfang Januar in Tirana. Ein Fahrer holt mich am Hotel ab. Wir treffen Erion Veliaj am Flughafen und sind nun einen halben Tag zusammen unterwegs, nicht etwa in einer schwarzen Limousine, sondern einem weißen Elektroauto. Unsere erste Station ist ein Obdachlosenheim am Stadtrand, das an diesem Tag zusammen mit dem italienischen Botschafter eröffnet wird. Anschließend fahren wir ins Rathaus, wo er Studenten trifft, die ein Praktikum bei der Stadt absolviert haben. Da wartet bereits lautstark eine Schulklasse, die ebenfalls mit Erion Veliaj verabredet ist. Während der Fahrt und zwischen den Terminen führen wir das Interview. Man spürt seine große Überzeugung genauso wie die tiefe Abneigung gegenüber dem politischen Gegner.

2003 waren Sie einer der Mitbegründer von MJAFT! Was war Ihr wichtigstes Anliegen?
2002–03 lebte ich in Ruanda und recherchierte für meine Abschlussarbeit im Fach Politikwissenschaft. Ein Mann, den ich dafür interviewte und der den dortigen Völkermord erlebt hatte, fragte mich, woher ich komme. „Aus Albanien". Darauf antwortete er: „Oh, das tut mir leid. Es muss dort schrecklich sein." Das war ein Weckruf. Wie konnte er ein so schlechtes Bild von meinem Land haben? Ich beschloss, nach Albanien zurückzukehren.

MJAFT! fing als Jugendbewegung an. Unser wichtigstes Ziel war, gegen die damals allgegenwärtige Apathie zu kämpfen. Wir haben Straßentheater gespielt und die herrschenden politischen Verhältnisse verspottet. Damit waren wir sehr effektiv und erreichten Zugeständnisse seitens der Regierung. Einige Minister wurden entlassen, Preise für bestimmte Waren, bei denen der Staat das Monopol hatte – etwa für Energie – wurden reduziert. MJAFT! wurde schnell populär. Doch mit den Jahren kamen wir uns zunehmend wie ein Placebo vor. Am Ende blieben die gleichen Politiker im Amt. Wir beschlossen, selbst für die sozialistische Partei Albaniens (PS) zu kandidieren und mit Edi Rama, damals Bürgermeister von Tirana, zusammenzuarbeiten. Nachdem wir 2009 noch verloren hatten, gewannen wir

2013 die Wahlen. Rama wurde Ministerpräsident, ich einer seiner Minister.

Was sind die stärksten gesellschaftlichen Prägungen durch das kommunistische Regime, die heute noch nachwirken? Albanien war isolierter als etwa die DDR.
Der Bevormundungsstaat. Der Staat weiß alles, kümmert sich um alles und darüber wird nicht diskutiert. Die kommunistische Partei entschied, ob man zur Universität geht, was man studiert, wo man arbeitet, bisweilen sogar, wen man heiratet. Diese Einmischung in private Angelegenheiten wirkt gerade bei der älteren Generation nach. Die Frage, die sich uns heute stellt, ist: Wie schaffen wir einen humanitären Kapitalismus, in dem der Staat weniger regelt, aber bestimmte Themen – Gesundheitsversorgung, Ausbildung, Wohnen – auch nicht allein dem Markt überlassen werden.

In der Bevölkerung gibt es eine Skepsis gegenüber Gemeinnützigkeit. Zu den Wörtern, die in Albanien am meisten verpönt sind, zählen „Kooperative", „Ehrenamt" und „Freiwillige". Denn während der kommunistischen Zeit waren diese meist mit Zwangsarbeit und Straflagern verbunden, besonders, nachdem die Industrialisierung des Landes nach dem Bruch mit China in den 1970er-Jahren ins Stocken geriet. Eine wichtige Aufgabe für mich als Bürgermeister ist es, diese Begriffe zu rehabilitieren, denn wie sollen wir ohne ehrenamtliches Engagement in einer Stadt wie Tirana zusammenleben? In der Stadtverwaltung haben wir eine Referentin, die sich ausschließlich um die Freiwilligengruppen kümmert.

Wie spiegelt sich diese Skepsis im Wohnen wider? Nach dem Zusammenbruch des Kommunismus konnten die Menschen ihre Wohnung für einen geringen Betrag kaufen. Wie werden heute Hausgemeinschaften organisiert?
Das war ein großes Problem, mit dem ich 2015 in meinem ersten Jahr als Bürgermeister konfrontiert war. Wir haben eine Arbeitsgruppe von etwa 70 Personen gegründet, die für das ganze Stadtgebiet als eine Art „Lehrer für Nachbarschaft und Demokratie" eingesetzt wird. Sie gehen zu den Bewohnern und erklären ihnen das Gesetz, wonach jedes Gebäude einen Verwalter haben muss. Dieser wird von allen Bewohnern bei einer Versammlung gewählt. Wenn nach drei Versuchen kein Verwalter gefunden wurde, wählt die Stadt eine Person aus. Aber in den meisten Fällen ist das nicht notwendig. Von 5.000 Gebäuden hatten so innerhalb von drei Jahren 3.000 einen Verwalter. Das hat viel Vertrauen geschaffen, ich bin darüber sehr glücklich.

Jeder Bewohner zahlt monatlich für gemeinschaftliche Aufgaben einen gewissen Betrag in die Kasse der Hausgemeinschaft. Für bestimmte Maßnahmen – etwa eine neue Fassade, einen Spielplatz, Solarpaneele – kann sich die Hausgemeinschaft bei der Stadt bewerben. Wir übernehmen dann 50 Prozent der Kosten.

Besitzt die Stadt Tirana selbst Wohnungen oder eine Wohnungsbaugesellschaft?

Der Mehrzahl der Menschen gehört die Wohnung, in der sie leben. Nur Ausländer mieten. Der Stadt gehören einige Blöcke mit Sozialwohnungen über das ganze Stadtgebiet verteilt. Aber aus unserer Sicht ist das nicht die beste Lösung. Das produziert nur in sich geschlossenen Armenviertel, die ihre Bewohner stigmatisieren. Wir bevorzugen andere Strategien, etwa indem wir jungen Familien zinsgünstige Kredite für den Kauf einer Wohnung geben. Das unterstützt gleichzeitig die Durchmischung der Viertel. Gerade haben wir eine neue Steuer für Projektentwickler eingeführt, die sie verpflichtet, drei Prozent des Projektvolumens abzuführen. Dieses Geld investieren wir wieder in unsere Wohnungsprogramme.

Mit der Gebietsreform 2015 wurde in ganz Albanien die Zahl der Gemeinden von 373 auf 61 reduziert. Tirana wuchs um 13 bisher eigenständige Gemeinden. Im Jahr darauf wurde der mit Stefano Boeri erarbeitete Stadtentwicklungsplan Tirana 2030 vorgestellt – die große Vision für die Stadt mit 13 Schlüsselprojekten. Was sind für Sie die wichtigsten?

Ein zentraler Punkt ist die Idee eines „grünen Tiranas". Dazu zählen der „Metrobosco" – ein Grüngürtel um das Stadtzentrum, den wir gerade anlegen, dann die nördliche Erweiterung des Bulevardi Dëshmorët e Kombit (albanisch für „Boulevard der Märtyrer der Nation"), der wichtigsten Prachtstraße in Tirana. Ebenso der neue „World Park" auf dem Gelände des ehemaligen Bahnhofs sowie die zweite und vierte Ringstraße, die von zahlreichen Bäumen gesäumt und vor allem Fahrradfahrern, Fußgängern und Bussen vorbehalten sein wird. Die ganze Frage der innerstädtischen Mobilität ist damit verknüpft.

Wir fahren an den Stadtrand von Tirana.

Jenseits des Grüngürtels „Metrobosco" wollen wir die unkontrollierte Zersiedlung unterbinden. Alles, was Sie hier sehen, waren zur kommunistischen Zeit landwirtschaftlich genutzte Flächen. Seit den neunziger Jahren sind hier illegale Siedlungen entstanden, die heute zu etwa 95 Prozent legalisiert sind. Noch 2015 gab es keine befestigten Straßen, Bürgersteige oder gar Buslinien. Nachträglich eine öffentliche Infrastruktur zu schaffen ist nicht einfach, wenn wir die Menschen dafür wieder enteignen und entschädigen müssen – ein Erbe des Kasino-Kapitalismus.

Wie soll der Verkehr in Tirana und der Region organisiert werden? Die Eisenbahn wurde in den neunziger Jahren demontiert, es gibt nur Busse. Bis 1991 war ganz Albanien fast autofrei, da Privateigentum verboten und

Blick über einen Bereich des Skanderbeg-Platzes und die Innenstadt von Tirana | View over part of Sanderbeg Square and the Tirana city centre

niemand ein Auto haben durfte. Danach stieg der private Personenverkehr sprunghaft an.

Ein U-Bahnnetz ist zu teuer für uns. Um Ihnen eine ungefähre Vorstellung zu geben: In Europa kostet ein U-Bahn-Tunnel zwischen 250 bis 300 Millionen Euro pro Kilometer. Das gesamte Budget von Tirana umfasst 100 Millionen Euro pro Jahr für alles: Kindergärten, Schulen, Straßen usw. Wir entwickeln derzeit ein Schnellbussystem entlang der wichtigsten Einfallstraßen. Mit Unterstützung der Europäischen Union planen wir zudem eine Hochgeschwindigkeitsstrecke von Tirana zum Flughafen, die später bis zur Hafenstadt Duërres verlängert wird. Das Vergabeverfahren läuft gerade, der Bau wird noch in diesem Jahr beginnen. Da die Gleise entlang der ehemaligen Bahntrasse verlaufen, gehören uns bereits 90 Prozent der Grundstücke.

Die Frage der Neugestaltung der Mobilität in der Stadt fordert uns heraus, unsere Werte zu überdenken. Ein großes Auto ist kein Statussymbol. Mehr Geld für das Auto als für die eigenen Kinder auszugeben, ist nicht erstrebenswert. Um den Umweltschutz geht es dabei nur bedingt, eigentlich ist es ein kultureller Kampf. Und ich bin überzeugt, dass wir gewinnen werden. Ein Grund, warum wir die Kinder später im Rathaus treffen werden, ist: Wir „rekrutieren". Wie zwei Armeen. Albanien besteht mehr oder weniger aus zwei Lagern mit unterschiedlichen Geisteshaltungen.

Wer ist denn die andere Armee?
All die Autoliebhaber. Schauen Sie sich die vielen Autos an, 95 Prozent des Tages blockieren sie den öffentlichen Raum.

Mittlerweile kostet Parken im Stadtzentrum 100 Lek pro Stunde, etwa 1 Dollar. Ziemlich viel für die meisten Bewohner.
Ja, aber das ist die einzige Möglichkeit, sie davon abzuhalten, die Innenstadt zuzuparken. Das Stadtzentrum sollte den Menschen gehören. Ich fahre keinen Mercedes, sondern ein Elektroauto von Hunday. Wegen all der Wasserkraft, die hier zur Verfügung steht, ist Albanien das ideale Land für Elektromobilität. Noch dieses Jahr gewähren wir Steuervergünstigungen für Elektrobusse, nächstes Jahr wahrscheinlich auch für Elektroautos. Die aus Asien sind fast genauso teuer wie ein Benziner oder Diesel.

Inzwischen sind wir am Obdachlosenheim angekommen. Die Begrüßung ist herzlich. Dass sie auf der Straße leben, sieht man den drei Männern, die stellvertretend für die anderen Bewohner dieser Einrichtung stehen, heute nicht an. Ihre Geschichten spiegeln die oft

Begrüßung im neuen Obdachlosenheim am Stadtrand von Tirana – das erste, das auch Schlafplätze bietet | Veliaj greets a resident of the new homeless shelter, located at the edge of the city – the first in Tirana to offer sleeping accomodations.

harten Lebensumstände in Albanien in den vergangenen Jahrzehnten. Einer von ihnen hat 30 Jahre als politischer Gefangener verbracht, 20 im Gefängnis, weitere zehn in einem Arbeitslager. Bei seiner Entlassung nach dem Sturz des Regimes war niemand aus seiner Familie mehr da. Seit den 1990er-Jahren ist er obdachlos und heute gesundheitlich stark eingeschränkt. Sein Begleiter hat seine ganzen Ersparnisse im sogenannten Pyramidenskandal 1997 verloren. Die andere Seite jenseits des glitzernden, neuen, dynamischen Tiranas.

Was sind die wichtigsten öffentlichen Bauaufgaben, die in Tirana in den kommenden Jahren realisiert werden?
Die Pyramide, das ehemalige Museum für Enver Hoxha, war lange eine Ruine und wird nun von MVRDV zu einem Jugendzentrum umgebaut. Die Bauarbeiten beginnen dieses Frühjahr. Es ist ein Projekt der Stadt, das wir zusammen mit einer privaten Stiftung, der Albanian American Development Foundation, realisieren. OMA bauen einen Gebäudekomplex mit günstigen Wohnungen, der erste eines international renommierten Büros. Im Dezember wurde die Baugenehmigung erteilt. BIG plant das neue Theater, das anstelle des alten Nationaltheaters errichtet werden wird.

Wogegen teils heftig protestiert wird, unter anderem, weil es von einem privaten Entwickler errichtet wird.
Es gibt Diskussionen, angestiftet von einer kleinen, lauten Minderheit. In jeder Stadt gibt es Menschen, die sich gegen Neues wehren. Doch wenn eine Entscheidung einmal getroffen wurde, muss man sie durchziehen. Die Mehrheit

der Stadt möchte das neue Theater, das haben wir in Umfragen und Bürgerforen herausgefunden. Bei einem jährlichen Gesamtbudget von 100 Millionen können wir nicht 30 Millionen für ein Theater von einem bekannten Architekten ausgeben. Daher haben wir dem Besitzer des angrenzenden Grundstücks angeboten, dass er dort ein Hochhaus errichten darf, ebenfalls von BIG entworfen. Im Gegenzug muss er das Theater finanzieren.

Gab es einen öffentlichen Wettbewerb für das Theater?
Nein, da es sich um einen privaten Bauherrn handelt. Aber wir haben ihm einige Architekten vorgeschlagen.

Warum werden die renommierten Projekte in Tirana momentan vor allem von ausländischen Büros geplant?
Internationale Büros mit einem hohen Qualitätsanspruch verändern den lokalen Markt. Deshalb schlagen wir den privaten Entwicklern immer wieder bekannte Namen vor. Es gibt natürlich auch interessante junge, albanische Büros, aber sie lassen sich zu leicht von den hiesigen Projektentwicklern beeinflussen, die sich vor allem für größtmögliche Geschossflächen und weniger für Ästhetik oder erneuerbare Energien interessieren. Ein international renommiertes Büro lässt sich nicht alles gefallen. So bringen sie die lokale Szene voran, hinterlassen Spuren, die bleiben. Den privaten Entwicklern schlagen wir immer wieder bekannte internationale Büros vor – hier bin ich als Bürgermeister „Encourager in Chief".

ENG

Like his predecessor Edi Rama, the current Albanian Prime Minister, Erion Veliaj, has drawn much international attention to Tirana. Architectural firms such as OMA, MVRDV, and Stefano Boeri currently have projects there. Veliaj's political engagement dates back to 2003, when he co-founded MJAFT! (Enough!), a civic movement and NGO that raised awareness of political and social issues facing Albania, such as poverty, unemployment, poor education and health care, corruption, and discrimination against women.

Spuren der Wasserspiele auf dem Skanderbeg-Platz | New fountains leave their trace at Skanderbeg Square

It's early January. A driver picks me up at the hotel. We meet Erion Veliaj at the airport and spend half a day together – not in a black limousine, but in a white electric car. Our first stop is a homeless shelter on the outskirts of the city, which will be opened today with the Italian ambassador. Then it's on to the town hall, where Veliaj meets with students who have completed an internship with the city. A group of school children, also scheduled to meet with the mayor, is already waiting loudly. Our interview takes place during our drive, in between appointments. One can sense his great passion as he explains his vision for city.

In 2003 you were one of the co-founders of MJAFT! What was your most important concern?
From 2002 to 2003 I lived in Rwanda, conducting research for my final thesis in political science. A man I interviewed and who was involved in the genocide there asked me where I came from. When I answered "From Albania", he replied "Oh, I'm sorry. It must be terrible there." That was a wake-up call. Why did he have such a negative impression of my country? I decided to return to Albania.

MJAFT! started out as a youth movement. Our most important goal was to fight against the apathy that was ubiquitous at the time. We held street theatre performances and mocked the prevailing conditions. The strong impact we had led to concessions from the government. Some ministers were dismissed, and prices for certain goods which were monopolized by the state – such as energy – were reduced. MJAFT! quickly became popular. But over the years we increasingly felt like a placebo: ultimately, the same politicians remained in office. We decided to run for the Socialist Party of Albania (PS) ourselves and to cooperate with Edi Rama, then Mayor of Tirana. After losing in 2009, we won the elections in 2013. Rama became prime minister and I became one of his ministers.

What aspects of the communist regime can still be felt in the country today? Albania was more isolated than East Germany.
It was a nanny state. This means the state knows everything,

takes care of everything, and this is not discussed. The Communist Party decided whether you would go to university, what you studied, where you worked, and sometimes even who you married. This interference in private affairs continues to affect the older generation in particular. The question we face today is how to create a humanitarian capitalism, in which the state regulates less, but where certain things – health care, education, housing – are not left to the market alone.

There is a scepticism among the population about the notion of the common good. Among the words most frowned upon in Albania are "cooperative", "honorary post", and "volunteer". During the communist period, these terms were mostly associated with forced labour and penal camps, especially after the industrialization of the country stalled following its break with China in the 1970s. An important task for me as mayor is to rehabilitate these terms – because how can we live together without voluntary commitment in a city like Tirana? In the city administration we have a speaker whose sole task is to take care of the volunteer groups.

How is this scepticism reflected in housing? After the collapse of communism, people could buy their flats for a small amount. How are housing communities organized today?
That was a big problem I faced in my first year as mayor in 2015. We founded a working group consisting of around 70 people, who address the notions of neighbourhood and democracy around the city. They visit apartment buildings and explain how the law stipulates that every apartment building must have an administrator who is elected by all the residents at a meeting. If no administrator has been found after three attempts, the city will select someone. But in most cases this is not necessary. Of 5,000 apartment buildings, 3,000 elected an administrator within three years. This has created a lot of trust; I am very happy about it.

Each resident pays a monthly amount into their building's fund to cover shared expenses. The housing community can also apply to the city for certain measures, such as a new facade, playground, or solar panels. We then assume 50 percent of the cost.

Does the city of Tirana own apartments or a housing association?
Most people own the home in which they live; its foreigners that rent. The city does own several blocks of social housing throughout the city. But from our point of view, that's not the best solution. This produces only self-contained slums that stigmatize their inhabitants. We prefer other strategies, such as giving young families low-interest loans to buy an apartment. This also supports social mixing throughout the neighbourhoods. We recently introduced

a new tax for project developers that obliges them to pay three percent of the project volume, which we then reinvest in our housing programmes.

The 2015 territorial reform reduced the number of municipalities in Albania from 373 to 61. Tirana grew by 13 previously independent communities. The following year, the Tirana 2030 (TR030) Local Plan was presented. Developed together with Stefano Boeri, the masterplan lays out a grand vision for the city via 13 strategic projects. What are the most important ones for you?
One key idea is that of a "green Tirana". This includes the Metrobosco – a green belt around the city centre, which we are currently building – and then the northern extension of Bulevardi Dëshmorët e Kombit (Boulevard of the Martyrs of the Nation) – the most important boulevard in Tirana – to the new World Park on the site of the former railway station, as well as the second and fourth ring roads, which will be lined with trees and mainly reserved for cyclists, pedestrians, and buses. The whole issue of inner-city mobility is linked to this.

We drive to the outskirts of Tirana.

Beyond the Metrobosco green belt we want to prevent uncontrolled urban sprawl. Everything you see here was agricultural land during communist times. Since the 1990s, there has been a proliferation of illegal settlements, which are now about 95 percent legalized. In 2015 there were no paved roads, sidewalks, or even bus lines. Creating a public infrastructure after the fact is not easy if you have to expropriate and compensate the people to do so – a legacy of casino capitalism.

How is transportation being organized in Tirana and the surrounding region? The railway was dismantled in the 1990s so there are only buses. Until 1991 all of Albania was nearly car-free, as private property was forbidden and nobody was allowed to have a car. After that, private passenger traffic increased by leaps and bounds.
A subway network is too expensive for us. To give you a rough idea: in Europe, a subway tunnel costs between 250 and 300 million euros per kilometre. Tirana's total budget is 100 million euros per year for everything – that includes kindergartens, schools, roads, and so on. We are currently developing an express bus system along the main access roads. With the support of the European Union, we are also planning a high-speed train line from Tirana to the airport, which will later be extended to the port of Duërres. The tendering process is underway and construction will begin this year. Since the tracks will run along the former railway line, we already own 90 percent of the land.

Eine typische abendliche Straßenszene in der Innenstadt von Tirana | A typical evening in Tirana's city centre

The issue of redesigning urban mobility challenges us to rethink our values. A large car is not a status symbol. Spending more money on a car than on your own children is not worthwhile. Environmental protection is not a top priority for most people. In fact, it represents a cultural struggle. And I am convinced that we will win. One reason why we will meet the children later in the town hall is that we want to "recruit" them. It's like two armies: Albania consists more or less of two camps with contrasting mentalities.

Who's the other army?
All the car lovers. Look at all the cars: 95 percent of the day they block the public space.

Meanwhile parking in the city centre costs 100 lek per hour, about 1 dollar. That's a lot for most residents.
Yes, but it's the only way to keep them from parking downtown. The city centre should belong to the people. I don't drive a Mercedes – I drive a Hyundai electric car. Albania is an ideal country for electromobility because of all the hydropower it has. This year we will grant tax breaks for electric buses, and next year one for electric cars is likely to follow. The electric cars from Asia don't cost much more than a gasoline or diesel car.

We arrive at the homeless shelter, where we are warmly greeted. It doesn't show that the three men representing the other residents of this facility also live rough. Their stories reflect the often-harsh living conditions that prevailed in Albania for decades. One of them spent 30 years as a political prisoner: 20 years in prison and another 10 years in a labour camp. When he was released after the fall of the regime, no one from his family was left. He has been homeless since the 1990s and today his health shows it. The other man lost all of his savings in the 1997 pyramid scandal. This is the other side of dazzling, new, dynamic Tirana.

What main public infrastructure projects are taking place in Tirana in the coming years?
The Pyramid – the former museum for Enver Hoxha – was long a ruin and is now being converted into a youth centre by MVRDV. Construction will start this spring. This is a city project which we are implementing with the support of a private foundation, the Albanian-American Development Foundation. OMA is building a housing complex with affordable apartments – the first by an internationally renowned architecture firm. The building permit was issued in December. BIG is planning a new theatre, which will be built on the site of the old National Theatre.

The project has faced some fierce criticism, partly because it is being built by a private developer.
There has been some discussion about it, instigated by a small, noisy minority. Every city has people that resist new things. But once a decision is made you have to go through with it. Most people in the city want the new theatre; we found that out through surveys and citizen forums. With a total annual budget of 100 million, we can't spend 30 million on a theatre by a well-known architect. This is why we offered the owner of the adjacent property the right to build a high-rise building there, also designed by BIG. In return, he has to finance the theatre.

Was there a public competition for the theatre?
No, since it's a private builder. But we suggested some architects to him.

Why are the high-profile projects in Tirana being planned primarily by foreign firms?
International firms with high-quality standards are transforming the local market. There are also interesting young Albanian firms, but they are too easily influenced by local project developers who are more concerned about having the greatest possible floor space than aesthetics or energy efficiency. An internationally renowned office won't put up with all that. The impressions they leave will resonate in the local scene and help it advance. We always recommend well-known international names to private developers – as the mayor I am also the "Encourager in Chief".

Seite | Pages 82 — 83
Im neuen Obdachlosenheim von Tirana | Inside Tirana's new homeless shelter

Seite | Page 84—87
Zwischen Historischem Nationalmuseum, Rathaus und Kulturpalast:
Wasserspiele am Skanderbeg-Platz | The National Museum of History,
Tirana City Hall, and Palace of Culture: the fountains at Skanderbeg
Square

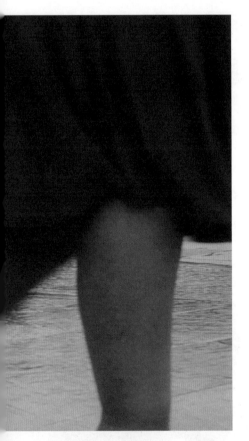

Wir glauben an die Innenstädte!

We Believe in the Inner Cities!

Interview mit | with
Tobias Sauerbier, SIGNA

---

von | by Nadin Heinich

Begonnen hat alles mit Immobilien. Öffentlich bekannt ist SIGNA heute jedoch vor allem für das Handelsgeschäft, für die Fusion von Karstadt und Kaufhof sowie die anschließende Umstrukturierung. Von den großen Warenhäusern gehören Euch aber nur wenige Gebäude. Wie ist der Geschäftsbereich Immobilien heute strukturiert?

Das Segment „Real Estate" umfasst in der SIGNA Gruppe mehrere Bereiche: Die wichtigsten Säulen des Immobiliengeschäftes sind die SIGNA Prime Selection AG und die SIGNA Development Selection AG. Erstgenannte ist quasi unser Flaggschiff und agiert als Investor-Projektentwickler, der durch Entwicklungstätigkeit ein generationsübergreifendes Portfolio schafft und bereits heute ein hochwertiges Bestandsportfolio unterhält und managt. Die Development Selection ist der klassische Trader-Developer und folgt dem Prinzip Kaufen – Entwickeln – Verkaufen. SIGNA Innovations ist eine Plattform, die in PropTechs investiert. Komplettiert wird Segment „Real Estate" durch die SIGNA Luxury Hotels, die sich auf ausgewählte Einzelprojekte konzentriert und die SIGNA US-Selection, die in US-amerikanische Immobilien investiert.

Gegenwärtig unterhalten wir in Deutschland Büros in Berlin, Hamburg, München und Düsseldorf. In den kommenden Jahren wollen wir uns noch stärker in den Top-7-Standorten als Immobilieninvestor etablieren. Auch wenn wir zum Beispiel in Berlin bereits sehr präsent sind, sehen wir hier dennoch zusätzliches Potential.

Was ist die große Vision hinter der Verknüpfung von Handels- und Immobiliengeschäft?

Beide sind wesentlich über die Innenstadtlage verbunden. Hier findet gerade ein grundlegender Transformationsprozess statt: Wie müssen sich Einzelhandelsimmobilien verändern? Wird das Warenhaus der Zukunft noch die Fläche von heute haben? Das Gute an dieser Verbindung ist, dass bei SIGNA Fäden aus beiden Bereichen zusammenlaufen und dadurch ein sehr direkter Austausch bezüglich der anstehenden Herausforderungen aber auch Erfahrungen möglich ist.

Für mich persönlich ist es ein ganz besonderer Reiz, dass die Innenstädte und insbesondere der Einzelhandel so stark im Umbruch sind und dass dabei immer die Verknüpfung mit der Immobilie und folglich auch in besonderem Maße mit unseren Projekten besteht. Jenseits der Transformation des Handelsgeschäftes wird das Thema der Mobilität, der Wandel hin zur CO_2-Neutralität noch viel stärker als

Mai 2020

Wie hast Du die vergangenen Wochen erlebt?

Unsere Projekte sind alle weiter vorangeschritten. Es gab keine nennenswerten Unterbrechungen auf den Baustellen, die Lieferketten haben weitestgehend funktioniert. Es war interessant zu beobachten, wie viele Räder sich gerade im Mittelstand weitergedreht haben, was sehr wichtig für die Gesamtwirtschaft ist. Schwieriger waren die Abstimmungsprozesse mit den Behörden. Lockdown bedeutete dort wirklich Lockdown, vor dem Hintergrund der Gefahren der Pandemie aber auch nachvollziehbar.

bisher die Immobilienbranche beschäftigen. Mit unseren Projekten, die durch ihre stets zentrale Lage wichtige Teile der Innenstädte darstellen, haben wir ein riesiges Potential und eine Verantwortung, unseren Beitrag zu leisten und neue Lösungen zu erarbeiten. Das optimal effiziente Bürogebäude kann jeder erfahrene Projektentwickler. Hier geht es jedoch um viel mehr, es geht nicht einfach nur darum eine Nutzungsart zu reproduzieren, sondern die Nutzungsstrukturen in unseren Innenstädten neu zu denken und zu ändern. Nehmen wir zum Beispiel die Alte Akademie, die über Jahrzehnte ein Verwaltungsbau war, nun von uns transformiert und mit einer Vielfalt an neuen Nutzungen aufgeladen wird. In unseren Städten ganz konkret, im Austausch mit Politik, Verwaltung und der Gesellschaft jeweils neue Lösungen zu erarbeiten, ist eine riesige Herausforderung. Das geht weit über die klassische Projektentwicklung hinaus und endet nicht an der Grundstücksgrenze.

Du bist Teil der Geschäftsleitung eines Immobilienunternehmens, das verhältnismäßig viel öffentliche Aufmerksamkeit erhält. Was bedeutet das für Deine Arbeit?

Unsere Projekte befinden sich regelmäßig in den zentralen Lagen der großen Städte. Damit sind wir per se in allen Phasen im Fokus – in der Baurechtschaffung, in der Öffentlichkeitsarbeit, in der Umsetzung eines Projektes. Das sind wir gewohnt. Das ist die Herausforderung, die wir lieben, all die Komplexität, die damit verbunden ist. Es ist aber auch eine sehr große Verantwortung für die Zukunft unserer Innenstädte.

Elbtower. David Chipperfield Architects / SIGNA. Hamburg, in Planung | Building in planning

90

Karstadt am | at
Hermannplatz.
David Chipperfield
Architects / SIGNA.
Berlin, in Planung |
Building in planning

Wieviel von Eurer Arbeit – im Hinblick auf Projekte wie die Alte Akademie in München, Karstadt am Hermannplatz in Berlin – ist politische Arbeit, wieviel klassische Projektentwicklung?

Das hängt von der Projektphase ab, wieviel davon tagesaktuell politische, wieviel übergeordnete Arbeit und wieviel inhaltliche Beschäftigung mit dem Projekt ist. Wir müssen mit unseren Projekten jeden Tag neu beweisen, dass wir als Investor-Entwickler ein verlässlicher und seriöser Partner sind, der an einer langfristigen Lösung interessiert ist. Politik ist ein ganz eigenes Geschäft, das natürlich auch eigene Ziele verfolgt. Schwierig wird es dann – und das kann man aufgrund der Komplexität und Dauer unserer Projekte nie ganz ausschließen – wenn sich politische Rahmenbedingungen ändern, wenn bereits erreichte Zwischenziele von neu zusammengesetzten politischen Gremien in Frage gestellt oder gar verworfen werden. Das ist Teil unseres Risikos.

Zurück zur Transformation der Innenstädte. Wo fallen Dir Beispiele auf, die besonders gut mit diesem Wandel umgehen?

Es gibt keine große Stadt, die die Zeichen der Zeit nicht erkannt hätte, aber es sticht auch keine heraus. Vielmehr gibt es viele interessante Einzelinitiativen. Insbesondere in der gewerblichen Projektentwicklung, im Schwerpunkt Einzelhandel und Büro, lastet sehr viel mehr auf den Schultern der Privatwirtschaft. Die großen Städte sind alle mit der Wohnungsfrage beschäftigt und mit den Fragen der Mobilität der Zukunft. Das ist eine sehr intensive Diskussion, auch hier in München. Mit dem Mobilitätswandel werden Weichenstellungen in der Stadt vorgenommen, die weit über Einzelaspekte, wie zum Beispiel die Wohnungsfrage, hinausgehen, weil sie alle Bereiche treffen – die Bürger, die Wirtschaft, in besonderem Maß auch den Einzelhandel, die Logistik des Einzelhandels und so weiter und so weiter. Die Stadt der kurzen Wege, die Verbindung von Wohnen, Arbeit und Freizeit auf engem Raum – hier kommen die gewerbliche Projektentwicklung, die wir vorrangig betreiben, und die Wohnungsfrage wieder zusammen. Die Stadt als Gesamtes ist sehr in Bewegung.

Initiativen, die sich mit dem engeren Austausch zwischen Politik, Verwaltung und der Immobilienwirtschaft befassen, neue Rahmenbedingungen diskutieren, finden wir im Hinblick auf die Komplexität dieser Aufgabe sehr richtig. Frankfurt oder Düsseldorf beispielsweise rufen bereits in der Vorbereitung von Rahmenplanungen interdisziplinäre Runden ein. Ich finde das sehr klug, diese Zukunftsfragen sind nicht allein in den Stadtplanungsämtern oder allein in politischen Gremien auszumachen.

Was bedeuten die aktuelle Situation konkret für Deine Arbeit? Plant Ihr den Umbau der Warenhäuser, die SIGNA gehören, nun anders?

Das Warenhauskonzept der Zukunft im Detail zu definieren, dafür ist es noch zu früh. Eine Auswirkung auf unsere Projektentwicklungen ist unabhängig vom Thema Warenhaus die Konzentration des Einzelhandels auf kleinere Flächen, die Kompression von Flächen, auch im Hinblick auf die Anzahl der Geschosse mit Verkaufsflächen. Dieser Trend war bereits vor der Pandemie da und wird nun beschleunigt. In den vergangenen Jahren war es üblich, drei- oder viergeschossige Handelsflächen – wir reden von der klassischen Ladeneinheit eines Filialisten – zu planen und zu vermarkten. Das geht heute nicht mehr, ist nicht mehr gefragt. Aktuell überprüfen wir insoweit unsere Konzepte und passen bei Bedarf Flächenzuschnitte an.

Die Innenstädte wandeln sich durch die Pandemie in noch rasanterem Tempo – wie geht Ihr damit um?

Abgesehen von Teilbereichen sind die Folgen insgesamt noch nicht absehbar. Sehr hart getroffen hat es die Shoppingcenter. Hier wird es nachhaltige Veränderungen geben, nicht nur im Hinblick auf die Umsätze, sondern auch auf die Bewertung der Objekte, ihre Attraktivität für Investoren. Aus Sicht der Filialisten wird sich die Konzentration auf die Innenstädte eher verstärken, die Bereitschaft, die hohen Mieten der Vergangenheit in den Shoppingcentern zu zahlen, wird abnehmen.

Aus gutem Grund entwickeln wir daher für unser Portfolio keine monostrukturell genutzten Immobilien, sondern innerstädtische Mixed-Use-Immobilien, die möglichst flexibel nutzbar sind. Wir glauben an die Innenstädte und ihre Vielfalt. Das haben wir in der Zeit vor Corona getan und das tun wir weiter. Die Innenstädte werden weiterhin Orte der Begegnung bleiben. Die Menschen wollen raus, sehen und gesehen werden, sich treffen und damit auch konsumieren – das alles ist Lebensfreude. Die Transformation von Offline zu Online im Handel wird sich weiter intensivieren. Die Welt von morgen wird jedoch nicht das eine oder andere, sondern eine Omni-Channel-Welt sein. Kern von alldem werden unsere Innenstädte sein. Das ist unsere Überzeugung.

Alte Akademie. Black Bucket/SIGNA. München, in Planung | Munich, Building in planning

ENG

It all started with real estate. Today, however, SIGNA is widely known for its retail holdings, the merger of Karstadt and Kaufhof as well as its subsequent restructuring. You only own a few of the major department store buildings. How is your real estate division currently structured?

The real estate segment of the SIGNA Group comprises several divisions. The main pillars of our real estate business are SIGNA Prime Selection AG and SIGNA Development Selection AG. The first is essentially our flagship and functions as an investor-project developer, which is creating a multigenerational portfolio through its development activity and already manages a high-quality existing portfolio. The Development Selection is the classic trader-developer and follows the principle of buy, develop, sell. SIGNA Innovations is a platform that invests in proptechs. Our real estate segment is complemented by SIGNA Luxury Hotels, which focuses on select, individual projects, and by SIGNA US Selection, which invests in real estate in the United States.

Our German offices are currently located in Berlin, Hamburg, Munich, and Düsseldorf. In the coming years, we want to establish ourselves even more strongly as a real estate investor in our top seven locations. Although we are already very present in Berlin, for example, we still see additional potential there.

What vision underlies this combination of retail holdings and property development?

One central aspect is their common focus on inner cities, which are undergoing fundamental transformation. This raises the question: How should retail properties adapt? Will the department store of the future still have the space it has today? The good thing about this combination is that SIGNA unites aspects from both areas, enabling very direct communication about upcoming challenges as well as knowledge sharing.

Carsch-Haus. David Chipperfield Architects / SIGNA. Düsseldorf, Fertig-stellung (geplant) Ende 2022 | Expected completion: late 2022

Personally, I find it quite exciting that the inner cities and especially retail trade are undergoing so much change, and that this always involves real estate and therfore many of our projects. In addition to the transformation of the retail sector, mobility and the shift towards carbon neutrality will affect the real estate industry much more than before. With our projects, which are important elements of the inner cities due to their central locations, we have a huge potential and a responsibility to contribute to this process by developing new solutions. Any experienced project developer can ensure the creation of an optimally efficient office building. But there is much more at stake than simply reproducing one type of use. It's about taking a new approach to structures of use in our inner cities and changing them. Take, for example, the Alte Akademie, which for decades was used as an administrative building. Now we are transforming it and infusing its programme with a variety of new uses.

In our cities in particular, developing solutions in dialogue with politicians, administrators, and the general public is a great challenge. It goes far beyond classic project development and only ends at the property lines.

You are part of the management of a real estate company that receives a relatively large amount of public attention. What does this mean for your work?
Our projects are regularly located in central metropolitan

May 2020

How have the past weeks been for you?
All of our projects have continued to move forward. There haven't been any significant disruptions on the construction sites, and the supply chains have functioned to a large extent. It has been interesting to see how many wheels have been turning, especially in the midmarket sector, which is very important for the overall economy. But coordination with the authorities was more difficult. For them, lockdown really meant lockdown, but given the dangers of the pandemic this is entirely understandable.

areas. This automatically puts us in the spotlight during all phases – in terms of obtaining building rights, public relations, and project implementation. We're used to that. It's a challenge we love, all the complexity that comes with it. But it is also a very big responsibility for the future of our inner cities

How much of your work – in terms of projects like the Alte Akademie in Munich and Karstadt at Hermannplatz in Berlin – is political work, and how much is classical project development?
This depends on the project phase and how much of it requires daily political work or higher-level work is need-

94

ed, and how much we are substantively involved with the project. We have to prove every day anew with our projects that we are a reliable and serious partner – an investor-developer who is interested in long-term solutions. Politics is a business in its own right, which naturally pursues its own goals. Sometimes it becomes difficult when the political conditions change, and interim goals that have been achieved are questioned or even rejected by newly formed political committees. This can never be entirely ruled out, due to the complexity and duration of our projects. That's part of our risk.

Let's return to the transformation of the inner city. Where do you notice examples that are dealing particularly well with this change?

There are no big cities that have not recognized the signs of the times, but none stands out either. Instead, there are many interesting individual initiatives. Especially in commercial project development, focusing on retail and offices, much more rests on the shoulders of the private sector. The major cities are concerned with the question of housing and mobility of the future. This is a very intensive discussion, and it's going on here in Munich as well. The changes in mobility are setting the course for the city, which goes far beyond individual issues like housing, because it affects all areas - citizens, the economy, notably also retail trade and its logistics, etc. The city of short distances, the combination of living, work, and leisure in a small space – this is where commercial project development, which we mainly pursue, and the housing question come together again. The city as a whole is very much in flux.

In our opinion, initiatives focusing on strengthening dialogue between politicians, administrators, and the real estate industry to discuss new framework conditions, are very appropriate given the complexity of this task. Frankfurt and Düsseldorf, for example, have held interdisciplinary rounds early on, to help develop strategic frameworks. It's a very smart approach. Questions about the future can't all be addressed behind the closed doors of city planning offices or by political committees alone.

What is the impact of the current situation on your work? Has it affected your plans to renovate the department stores that belong to SIGNA?

It's still too early to define in detail what the department store of the future will be like. Independent of the department store issue, one way in which our project developments are being affected is the concentration of retailers in smaller spaces, the compression of space, also in terms of the number of storeys a store has. It's a trend that was already in place before the pandemic and is now accelerating. In the past it was customary to have three- or four-storey retail spaces – we are talking about the classic shop unit of a chain store – which were planned and marketed. That can't be done anymore and is no longer in demand. We are reassessing our concepts accordingly and adapting the interior layouts if needed.

The pandemic is accelerating the transformation of the inner cities – how are you responding to its effects?

Apart from a few specific areas, the overall consequences are not yet foreseeable. Shopping centres have been hit very hard. There will be lasting changes in this sector, not only in terms of sales, but also in terms of property valuation, and their attractiveness for investors. From the point of view of the chain stores, there will be a stronger focus on city centres, and the willingness to pay the high rents of the past in the shopping centres will decrease.

It's therefore for good reason that we are not developing shopping centres or monostructural, single-use properties in our portfolio, but rather inner-city, mixed-use properties, which can be used as flexibly as possible. We believe in the inner cities and the diversity they offer. This is how we worked in pre-coronavirus times and we are continuing to do so. The city centres will remain centres of attraction. People want to get out, to see and be seen, to meet, and thus consume – it's the zest of life. The transformation from offline to online in retail will continue to intensify. However, the world of tomorrow will not be one or the other, but an omni-channel world. And at its heart will be our inner cities, of that I'm sure.

In Schönheit sterben

oder

Ist der Computer der bessere Entwerfer?

To Die in Beauty?
Or is the Computer the Better Designer?

Matthias Standfest
und sein | and
his startup Archilyse

---

von | by Nadin Heinich

Archilyse ist ein Startup aus Zürich, das mittels künstlicher Intelligenz Architekturqualität analysiert und bewertet. Das geschieht in allen Phasen des Lebenszyklusses eines Gebäudes, von Planung über Erstvermietung bis zu Bestandsportfolios. Die Daten werden vor allem Projektentwicklern und Immobilienbesitzern zur Verfügung gestellt. Investoren und Kunden sind unter anderem SwissLife, der größte Lebensversicherungskonzern der Schweiz, Ringier sowie die Züricher Kantonalbank. Gegründet wurde Archilyse im Mai 2017 von Dr. sc. Matthias Standfest, der zuvor an der ETH Zürich promovierte. Das Unternehmen zählt zu den Top25 Proptech Startups in Europa.

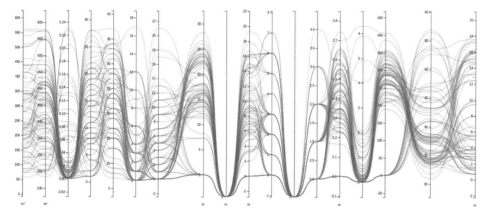

Architekturqualität messen? Die Software, die Standfest und sein Team entwickelt haben, kann alle geometrischen Gestaltungsregeln wie Größenverhältnisse oder widerkehrende Muster, Lichteinfall, Blickbeziehungen, akustische und thermische Gegebenheiten analysieren. „Statt den bisherigen einfachen Immobilienbewertungen, manuell nach einer dreistufigen Scala erstellt, oder aufwändigen Recherche- und Rechenarbeiten sind jetzt umfangreiche Auswertungen mit nur wenigen Klicks möglich," so Matthias Standfest. Die Kunden kaufen eine Lizenz der Software und brauchen danach nur das Bild eines Grundrisses hochzuladen. Das Programm entwickelt daraus automatisch ein 3D-Modell, das in ein vorhandenes Umgebungsmo-

Bürolayout-Parameter (vertikale Achsen) im Vergleich | Office layout parameters (vertical axes) in comparison

dell eingesetzt wird. Die Analysen im Anschluss sind vielfältig: Wie gut sind die Arbeitsplätze zu nutzen? Welche Wohnungen sind für welche Zielgruppen besonders geeignet? Wie familienfreundlich ist etwa eine Wohnung? Sind die Kinderzimmer hell genug? Ist der Spielplatz von der Wohnung aus im Blickfeld? Mit welchen Mietpreisen lassen sich maximale Renditen erzielen?

Bestandsanalyse, Erstvermietung, Planung

Bei der Akquise der Kunden konzentriert sich Archilyse zunächst auf wenige, strategisch wichtige Unternehmen mit großem Immobilienbesitz. Aktuell analysieren sie das Bestandsportfolios von SwissLife, 35.000 Wohnungen insgesamt, und berechnen die idealen Mietpreise je Wohnung. Ein wichtiger Meilenstein war zuvor ein Pilotprojekt mit SwissLife und PriceHubble, bei dem das Startup zeigen konnte, dass ihre Analysen in direktem Zusammenhang zu den bereinigten Mietpreisen stehen, also der Betrachtung von Mietpreis einschließlich Miet- bzw. Leerstandsdauer und Mieterfluktuation. Bescheinigt Archilyse hohe Qualität, ist auch die Rendite des Immobilienbesitzers entsprechend hoch. Im zweiten Schritt konzentrieren sich Standfest und das Team auf Neubauprojekte, bei denen es bei der Erstvermietung mittels traditioneller Methoden bisher schwierig war, den besten Mietpreis zu bestimmen. Hier wurden bereits mehrere erfolgreiche Pilotprojekte abgeschlossen. Der dritte, logische Schritt wird der Einsatz von Archilyse vor Baubeginn sein – die Anwendung der Software für die finalen Planungsentscheidungen, was gebaut wird. Parallel arbeiten sie daran, Archilyse auch bei der Ausschreibung und Bewertung von Wettbewerben einzusetzen.

Doch rühren die beiden letztgenannten Punkte nicht an den Kernkompetenzen von Architekten? Ist gute Architektur nicht mehr als bloßes Zahlenwerk – wohnt ihr nicht immer auch etwas inne, das uns berührt, das wir intuitiv und nicht rational erfassen? Inwieweit lässt sich „Baukultur" mit Kennzahlen messen?

Rendite über alles?

Archilyse als reines Tool zur Renditemaximierung von Immobilienbesitzern abzutun, ist viel zu kurz gedacht.

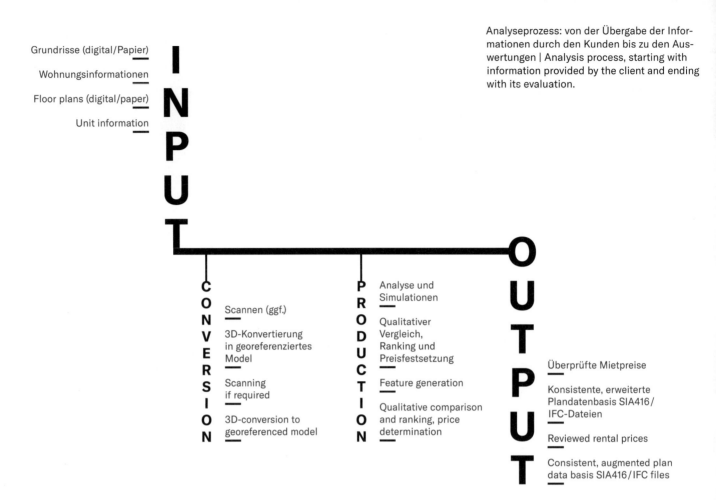

INPUT

Grundrisse (digital/Papier)

Wohnungsinformationen

Floor plans (digital/paper)

Unit information

CONVERSION

Scannen (ggf.)

3D-Konvertierung in georeferenziertes Model

Scanning if required

3D-conversion to georeferenced model

PRODUCTION

Analyse und Simulationen

Qualitativer Vergleich, Ranking und Preisfestsetzung

Feature generation

Qualitative comparison and ranking, price determination

OUTPUT

Überprüfte Mietpreise

Konsistente, erweiterte Plandatenbasis SIA416/ IFC-Dateien

Reviewed rental prices

Consistent, augmented plan data basis SIA416/IFC files

Das gilt insbesondere in Zeiten, in denen Grundstückspreise und Mieten in den Ballungszentren in immer neue Höhen streben, die Politik nicht nur eine Mietpreisbremse, sondern in Berlin auch einen Mietendeckel einführt und öffentlich über die Enteignung großer börsennotierter Wohnungsunternehmen diskutiert wird. Die brennenden Fragen in Architektur und Stadtplanung sind heute unter anderem ökonomische: sparsamer Umgang mit Ressourcen, kostengünstiger Wohnraum in den Ballungszentren, Nachverdichtung der Städte. Zugleich befindet sich die Baubranche in einer riesigen Digitalisierungswelle, die auch bedeutet, dass viele Prozesse besser messbar sein werden. Was digitalisiert werden kann, wird digitalisiert werden, wenn es für die Auftraggeber mit einem deutlichen Mehrwert verbunden ist. Ein wichtiger Innovationstreiber sind dabei Proptechs, Startups mit Fokus auf die Bau- und Immobilienbranche. Eine

erste Gründungswelle gab es bereits 2015, als mit der Einführung des Bestellerprinzips die Provision für Immobilienmakler neu geregelt wurde und der Gesetzgeber damit den Zugang für Gründer zur sehr verschlossenen Immobilienwelt erleichterte. Derzeit konzentrieren sich viele Startups noch auf Massenabläufe, die schnell digitalisierbar sind, etwa die Optimierung von Immobilienfinanzierung, Hausverwaltung, Facility Management, Wohnungsvermietung. Doch es gibt bereits Startups, die in die Kernkompetenzen von Architekten, Bewerten von Architekturqualität und Entwerfen, eingreifen. Und nur in seltenen Fällen sind Architekten unter den Startup-Gründern.

Wer entscheidet?

„Im Moment beobachte ich, dass die Architektur meistens nicht mehr in Architekturbüros entschieden wird, sondern bei Immobilienentwicklern. Planer werden zwischen Bestellern und Herstellern langsam aufgerieben," so Standfest. Wo bleiben seitens der Universitäten deutlich wahrnehmbare Stimmen, die sich mit den komplexen Folgen der Digitalisierung für Architektur und Stadtplanung beschäftigen? Zu gern zieht man sich in der Architekturtheorie auf formale Fragen zurück. Interessant ist vor diesem Hintergrund die akademische Laufbahn von Matthias Standfest. Nach einem Bachelor in Maschinenbau studierte er Architektur an der TU Graz, parallel dazu Wissenschaftsphilosophie. Für sein Architekturdiplom, das zu seiner Eintrittskarte an die ETH wurde, befasste er sich mit Bruno Latour und erstmals mit künstlicher Intelligenz. Mit seiner Doktorarbeit entwickelte er anschließend die theoretischen Grundlagen für Archilyse, vertrat die ETH unter anderem auf dem Global Young Scientists Summit in Singapur – und eckte doch immer wieder im akademischen Betrieb an. Mit seinem Forschungsthema wurde ihm zu einer Karriere in der Wirtschaft statt der Universität geraten.

Diese Karriere verlief bisher recht erfolgreich. Nachdem Archilyse in der ersten Phase der Unternehmensgründung rund 1,2 Millionen Euro von Investoren eingeworben hat, geht es nun um die nächste Finanzierungsrunde und den Rollout, die Idee im großen Maßstab im Markt umzusetzen. Das Team von aktuell neun Festangestellten und zwei freien Mitarbeitern soll in den kommenden Jahren deutlich wachsen. An Archilyse soll man nicht vorbeikommen, zumindest als Projektentwickler.

Und die Architekten? Während in der Immobilienbranche keine große Messe ohne „Proptech"- bzw. „Startup-Corner" auskommt, Standfest und Kollegen regelmäßig auf Podien sprechen und sich die großen Immobilienunternehmen als strategische Investoren an Startups beteiligen, haben viele Architekten noch nie von Proptechs gehört. Das muss sich ändern, denn Tools wie Archilyse werden sich durchsetzen – nicht bei besonderen Bauten, wie Museen, Konzertsälen oder expressiven Villen, bei profanen Bauaufgaben jedoch schon. Für Architekten kann das einen weiteren Verlust an Einfluss bedeuten. Es kann aber auch Basis und Argumentationsgrundlage für gute Gestaltung sein – vorausgesetzt, man kann mit der Software umgehen. Abgesehen von einigen wenigen Ausnahmen setzt sich gute Gestaltung nur mit guten ökonomischen Argumenten durch – nicht ohne und schon gar nicht dagegen.

Analyse der Grundrisse nach den einzelnen Parametern: Obere Reihe (v. l. n. r.): Enge Stellen; Wegkomplexität zum Ausgang; Zirkulationsverhalten
Untere Reihe (v. l. n. r.): Sichtbares Volumen von Menschen aus Standhöhe; Sichtbares Gesamtvolumen aus Sitzhöhe, Zwei Bürolayouts im Vergleich übereinandergelegt | Floor plan analysis according to various parameters. Upper row (left to right): narrow pathways and complicated exit path; main circulation areas. Lower row: visible volume of people at standing height; visible volume at seating height; two office layouts superimposed for comparison.

ENG
———————————

Archilyse is a Zurich-based startup that uses artificial intelligence to analyse and evaluate architectural quality. This is performed in all phases of a building's life cycle, from planning and initial rental to existing portfolios. The data is made available mainly to project developers and property owners. Archilyse is enjoying great success: the company is one of the top 25 proptech startups in Europe. Investors and customers include SwissLife, the largest life insurance group in Switzerland, Ringier, and Züricher Kantonalbank. Archilyse was founded in May 2017 by Dr. sc. Matthias Standfest, who holds a doctorate from ETH Zurich.

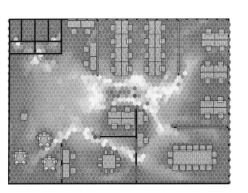

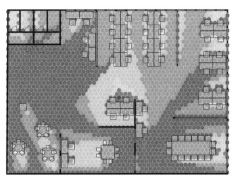

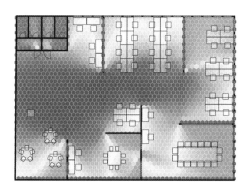

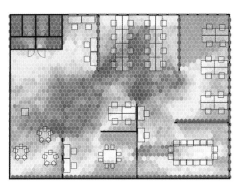

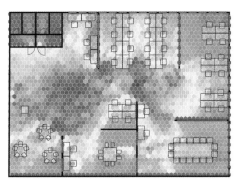

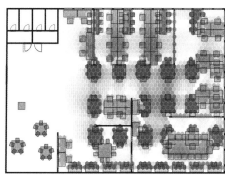

Can architectural quality be measured?

The software developed by Standfest and his team can analyse all geometric design rules, such as proportions and recurring patterns, as well as light incidence, sightlines, and acoustic and thermal conditions. "Instead of simple real estate evaluations that are manually produced according to a three-step scale, or time-consuming research and calculations, extensive evaluations are now possible with just a few clicks," said Matthias Standfest. After purchasing a software license, customers simply upload the image of their floor plan. The program uses this to automatically generate a 3D model, which is then inserted into an existing environmental model. A wide variety of analyses follow: How well are the workplaces used? Which apartments are particularly suitable for which target groups? How family-friendly is an apartment? Are the children's rooms bright enough? Can the playground be seen from the apartment? What rental prices can be used to achieve maximum returns?

Stock analysis, initial rental, planning

In acquiring customers, Archilyse is initially focusing on a few strategically important companies with large real estate holdings. Currently it is analysing the SwissLife portfolio with 35,000 apartments in total and calculating the ideal rental prices per apartment. An important milestone was a pilot project with SwissLife and PriceHubble, in which the startup was able to show that its analyses are directly related to the adjusted rents, i.e. the consideration of rental price including rental or vacancy duration and tenant turnover. A certification of high quality by Archilyse proved to correspond with high yields for the property owner. In a second step, Standfest and team is concentrating on new construction projects, where traditional methods have difficulty in determining the best initial rental price. Several successful pilot projects have already been completed in this area. The third, logical step will be the use of Archilyse before construction begins – using the software for final planning decisions about what will be built. The team is also developing the use of Archilyse for the announcement and evaluation of competitions.

But don't the last two points touch on the core competencies of architects? Isn't good architecture more than just numbers – isn't there always something inherent in architecture which moves us, which we grasp intuitively and not rationally? To what extent can "building culture" be measured using key figures?

ROI above all?

To dismiss Archilyse as merely a tool for maximizing returns for property owners is far too short-sighted. This is particularly true in a time when property prices and rents in metropolitan areas are reaching ever new heights; when politicians are not only putting a brake on rents but are also introducing a rent cap in Berlin, and when there is public discussion about the expropriation of large publicly traded housing companies. The burning issues in architecture and urban planning today include economic ones: more efficient use of resources, low-cost housing in urban metropolitan areas, densification of cities. At the same time, the construction industry is being shaped by a massive digitalization wave, which also means that many processes will be more measurable. What can be digitized will be digitized – if it clearly results in added value for the client.

Important drivers of innovation include proptechs – startups focusing on the construction and real estate industry. The first wave of startups in this sector happened in 2015, when the "Bestellerprinzip" introduced by German lawmakers reformed commissions for real estate agents and thus facilitated access for startups to the traditionally closed world of real estate. At present, many startups are still concentrating on mass processes that can be quickly digitized, such as the optimization of real estate financing, property management, facility management, and apartment rental. But there are already startups intervening in the core competencies of architects, namely evaluating architectural quality and design. And only in rare cases are architects among the startup founders.

Who decides?

"What I'm observing at the moment is that most architectural projects are no longer decided by architects but by real estate developers. Planners are slowly being edged out by clients and developers," says Standfest. But how are the complex consequences of digitalization for architecture and urban planning being dealt with in the universities, which are otherwise so vocal? In architectural theory, people are more than glad to retreat to more formal aspects of architecture. Against this backdrop, the academic career of Matthias Standfest is interesting. Following a bachelor's degree in mechanical engineering, he studied architecture at Graz University of Technology; parallel to this he studied the philosophy of science. For his architecture diploma, which became his ticket to ETH, he focused on Bruno Latour, making a first foray into artificial intelligence. With his doctoral thesis he developed the theoretical foundations for Archilyse and represented ETH Zurich at the Global Young Scientists Summit in Singapore, among other events – and yet he found himself at odds with the academic world. Based on his research topic he was advised to pursue a career in business rather than academia.

This career has been quite successful so far. After Archilyse raised around 1.2 million euros from investors in the first stage of the company's foundation, the next round of financing and the rollout is now about implementing the idea on a large scale in the market. The current team of nine permanent employees and two freelancers is expected to grow significantly in the coming years. Archilyse will be hard to avoid, at least as a project developer.

And the architects?

In the real estate industry, no major trade fair can do without proptechs and a startup corner. Standfest and his team regularly speak at podiums, and major real estate companies are participating in startups as strategic investors. Meanwhile, many architects have never even heard of proptechs. This must change, because tools like Archilyse will prevail – not necessarily for special buildings like museums, concert halls, or expressive villas, but surely for more commonplace projects, of which there are many more. For architects, this can mean a further loss of influence. But it can also be a basis and line of reasoning for good design – provided one can handle the software. Apart from a few exceptions, good design only succeeds with good economic arguments – not without them, and certainly not against them.

Analyse des Gebäudes im räumlichen Kontext über Simulationen (v. o. n. u.): Sonneneinstrahlung auf das Gebäude; Blick ins Grüne; Blick auf andere Gebäude | Analysis of building's interaction with the local context via simulation. From top to bottom: incidence of direct sunlight; view of greenery; view of other buildings.

"If You Cannot Forgive, You Can Kill."

Alltagsszenen zwischen
Hoffnung und Desaster

Everyday scenes between
hope and disaster

---

von | by Jan Grarup, Kriegsfotograf
| war photgrapher

Mit 17 Jahren hat Jan Grarup die Unruhen zwischen militanten Gruppen der Katholiken und Protestanten in Belfast fotografiert. Es folgten die Umbrüche in Osteuropa, dann die Balkankriege, der erste Golfkrieg. Inzwischen konzentriert er sich auf Langzeitprojekte: Somalia, Dafur, Ruanda, den Nahen Osten, den Konflikt zwischen Israel und Palästina, Afghanistan, Irak. Fotografiert hat er für den Stern, das Geo Magazin, Le Monde, The New York Times, die Washington Post und dafür zahlreiche Preise gewonnen, unter anderem mehrmals den World Press Photo Award.

Was mich antreibt, mich an der Diskussion über Architektur und Stadtplanung zu beteiligen: Wir haben eine Verantwortung. Architekten können eine Menge bewirken. Sie können die Lebensgrundlage für Menschen in Ländern der Dritten Welt verbessern, sie zukunftsfähig machen. Europa ist heute eine Festung. Mehr als 70 Millionen Menschen sind weltweit auf der Flucht. Was wir jetzt sehen, ist erst der Anfang. Nach UN-Schätzung wird es 2050 allein mehr als 50 Millionen Klima-Flüchtlinge auf dem afrikanischen Kontinent geben. Die Menschen würden bleiben, wenn sie eine Perspektive hätten.

Wie wollen wir rückblickend betrachtet werden? Wollen wir die Menschen im Mittelmeer ertrinken lassen? Oder wollen wir Dinge langfristig verbessern? Vielleicht sollten wir nicht bis 2049 warten, sondern jetzt handeln. Jenseits von Krisen wie Kriegen, bei denen kurzfristige Hilfe notwendig ist, geht es um die große Frage der Migration. Marokko, Algerien, Ägypten, Tunesien – wir müssen die Lebensbedingungen der Menschen dort verbessern. Dann würden sie nicht versuchen, über das Mittelmeer nach Europa zu kommen. Warum gibt es nicht so etwas wie „Architekten ohne Grenzen"?

Bild 01

Afghanistan, am frühen Morgen vor einem ehemaligen Palast in Kabul. Das Foto knüpft an das vorher gesagte an. Auch in einem Land, das komplett zerstört ist, gibt es eine Jugend, die überleben und nach vorn schauen möchte. In diesem Fall ist es eine lokale Organisation, die für junge Menschen Boxtraining organisiert.

Bild 02

Die Brücke habe ich 2005, kurz nach dem Erdbeben in Kaschmir, aufgenommen. Ich war sehr nah am Epizentrum des Bebens, habe die Mannschaft eines pakistanischen Armeehelikopters bestochen und mich von ihnen in den Bergen absetzen lassen, um mit den Flüchtlingen in das Tal zu wandern. Die Menschen haben ihre verletzten und toten Verwandten über diese Brücke getragen, später Zelte für den Winter in die andere Richtung. Die Brücke ist teilweise zusammengebrochen, im Wind hin- und hergeschwungen. Viele Menschen sind in den Fluss gefallen und verschwunden. Und doch mussten sie die Brücke überqueren, um zu einem Ort zu gelangen, an dem sie Hilfe bekommen würden.

Niemand aus der westlichen Welt war ernsthaft daran interessiert, den Menschen in Kaschmir zu helfen, denn es handelte sich um Muslime. Wir waren zu der Zeit in die Kriege im Irak und in Afghanistan involviert. Aufgrund der Religion war es schwierig, Hilfsgelder zu sammeln. Wem helfen wir und aus welchen Gründen?

Am 8. Oktober 2005 kam es zu einem Erdbeben in Kaschmir, das schwerste in der südasiatischen Region seit 100 Jahren. Nach heutigen Schätzungen starben mehr als 73.000 Menschen.

Bild 03

Das Bild des Friseursalons war auf Titelseiten von 21 Tageszeitungen weltweit. Der Laden liegt in Balakot, der Stadt, die mit 50.000 Toten am stärksten von dem Erdbeben betroffen war. Der Friseur kam zu seinem ehemaligen Salon zurück und „öffnete" ihn wieder. Er fand seine Schere, den Kamm, den Umhang in den Trümmern. Besonders mag ich die Bank, auf der die Leute warteten, bis sie an der Reihe waren.

Für mich ist das ein sehr wichtiges Bild. Es zeigt, dass die Menschen nicht aufgeben, eine Würde behalten, an ihre Zukunft glauben. Das beobachte ich überall auf der Welt. Mehr als 90 Prozent der Menschen, die ich treffe, wollen nicht nach München oder Kopenhagen flüchten, sie wollen einfach nur nach Hause.

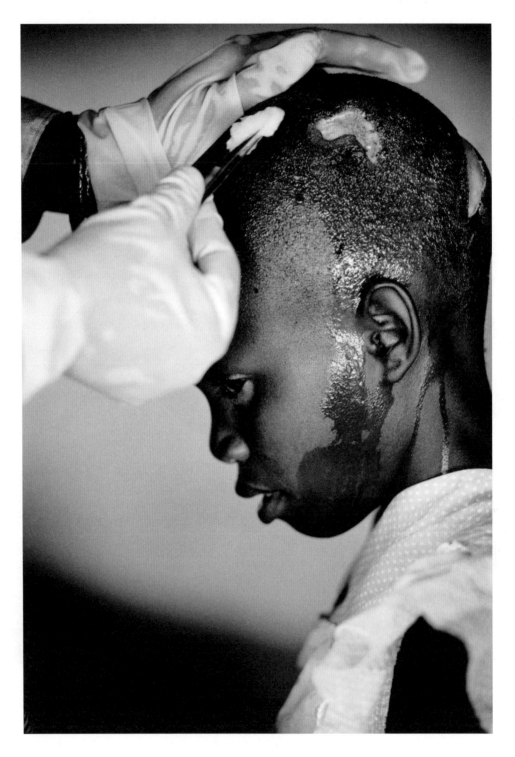

06

Bild 04

Menschen warten an der Grenze zwischen Liberia und Sierra Leone auf die Genehmigung, die Grenze passieren zu können. Für mich erzählt dieses Foto viel über das Verhältnis zwischen der wohlhabenden westlichen Welt und Afrika, wie mit der Plünderung natürlicher Ressourcen bewaffnete Konflikte finanziert werden. Charles Taylor, ehemaliger Präsident von Liberia – er wurde später vom internationalen Gerichtshof in Den Haag wegen Verbrechen gegen die Menschlichkeit und Kriegsverbrechen verurteilt – brauchte Geld, um in Liberia an die Macht zu kommen. Er schuf eine Rebellenarmee namens RUF, die Revolutionary United Front, um im benachbarten Sierra Leone Zugang zu den Diamantenfeldern zu erhalten. Die „Blutdiamanten" wurden aus Sierra Leone geschmuggelt und an reiche Europäer verkauft. Die RUF töteten jeden, der sich ihnen in den Weg stellte, und destabilisierten damit ein ganzes Land.

Auch wenn der Handel mit Edelsteinen aus Kriegsgebieten heute weitgehend gebannt ist, wurden Blutdiamanten durch andere wertvolle Rohstoffe ersetzt, etwa durch Coltan für Mobiltelefone und Computer. Die Coltanminen befinden sich vor allem im Kongo. Bis heute geben sehr große internationale Hersteller nicht an, unter welchen Bedingungen die von ihnen eingesetzten Rohstoffe abgebaut werden.

Sierra Leone in Westafrika zählt zu den ärmsten Ländern der Welt. Während des Bürgerkriegs von 1991 bis 2002 starben zwischen 50.000 und 200.000 Menschen. Charles Taylor war vom 1997 bis 2003 Staatspräsident von Liberia. Er ist das erste afrikanische Staatsoberhaupt, das von einem internationalen Tribunal wegen Kriegsverbrechen zur Verantwortung gezogen wurde.

Bild 05

Ruanda ist für mich ein sehr spezieller Ort. Ich war für annährend sieben Wochen dort, während des Völkermords. Innerhalb von 100 Tagen wurden eine Million Menschen umgebracht. Der schlimmste Genozid seit dem zweiten Weltkrieg. Der Unterschied ist, dass die internationale Völkergemeinschaft nicht eingriff, obwohl sie wusste, was passierte.

Das Mädchen hat sich mit ihrer Familie in einer Kirche versteckt. Als die Milizen kamen, schlossen sie die Türen und Fenster, warfen anschließend Handgranaten hinein. Danach sind sie mit Macheten durch die Kirche gezogen. Als ich drei Stunden später ankam, floss das Blut buchstäblich aus den Türen hinaus. Sie kam über all die toten Körper gekrochen. In der Kirche lagen ihre toten Eltern, Brüder und Schwestern. Die Wunde auf ihrem Kopf reichte bis zum Schädelknochen.

Seit dieser Zeit habe ich nach ihr gesucht, mit Anzeigen in Zeitungen, im ruandischen Fernsehen. Wir haben jetzt eine ziemlich genaue Vorstellung davon, wo wir sie finden können. Ich möchte ein Buch über sie machen. Während des Genozids war sie fünf Jahre.

Was ist danach passiert? An was erinnert sie sich? Ist sie verheiratet, Mutter geworden?

Als Völkermord in Ruanda werden umfangreiche Gewalttaten in Ruanda bezeichnet, die am 6. April 1994 begannen und bis Mitte Juli 1994 andauerten. In annähernd 100 Tagen töteten Angehörige der Hutu-Mehrheit etwa 75 Prozent der in Ruanda lebenden Tutsi-Minderheit sowie moderate Hutus.

Bild 06

Einer der moderaten Hutus – da er sich nicht am Genozid beteiligen wollte, haben sie ihm mit einer Machete in den Fuß gehackt. Er konnte nicht mehr flüchten, hat den Völkermord dennoch überlebt.

In Bezug auf Ruanda ist „Vergebung" eines der Schlüsselthemen für mich. Das ist der einzige Grund, wie dieses Land innerhalb von 25 Jahren durch einen Versöhnungsprozess gehen konnte und heute als die afrikanische Antwort auf Singapur gilt. Ein Land, in dem man sich fünf Uhr morgens sicher auf der Straße fühlt. Es gibt kostenfreies WLAN in allen Bussen. Der Wiederaufbau ist enorm. Ich traf einen Mann, dessen Frau und beiden Söhne während des Genozids getötet wurden. Ich sagte ihm, dass es mir sehr schwer falle, der internationalen Gemeinde zu vergeben, weggesehen zu haben. Er legte seine Hand auf meine Schulter: „Jan, wenn Du nicht vergeben kannst, kannst Du töten." Ich habe so viel von Menschen gelernt, die durch diese dramatischen Situationen gegangen sind.

Bild 07

Somalia bedeutet mir sehr viel. Seit 15 Jahren reise ich immer wieder in das Land, in dem seit 1991 Bürgerkrieg herrscht. Weite Teile fielen in die Hände lokaler Clans, Warlords, radikal-islamischer Gruppen, Piraten, dazu kommen Hungernöte, Korruption. Und dazwischen diese wunderbaren Menschen.

Das ist ein typisches Bild aus Mogadischu, es zeigt die Konflikte in Somalia heute. Das Cockpit eines russischen Frachtflugzeugs, das von al-Shabaab, einem regionalen Ableger von al-Qaida, abgeschossen wurde. Gleichzeitig sieht man den Wiederaufbau einer Schule. Bildung ist der Weg in die Zukunft. Auch in Somalia steigt der Lebensstandard und sinkt damit der Drang zu kämpfen.

Bild 08

Mädchen, die Basketball spielen. Für uns ist das normal, in Somalia müssen Frauen für ihr Recht auf Sport kämpfen. Dafür wurden sie von radikalen Muslimen bedroht. Allein die Kapitänin des Teams musste drei Mal umziehen. Dennoch haben sie weitergemacht. Sie taten es für sich – und kämpften gleichzeitig für die Gleichberechtigung zwischen den Geschlechtern, die Rechte von jungen Frauen in Afrika. Das breitet sich aus. Das sind die wichtigen Geschichten für mich.

Somalia ist der Ort, an dem es am schwierigsten für mich ist zu arbeiten. Die

Lage ist sehr unübersicht-
lich, es gibt viele Aufstände,
die Milizen verstecken sich,
agieren aus dem Hinterhalt.
Während ich sonst meist
allein reise, habe ich in
Somalia zwölf Leibwächter
bei mir. Wir fahren in drei
Autos. Sie sind immer in
meiner Nähe. Aber es wird
der Tag kommen, an dem
ich allein durch Somalia
reisen kann. Es ist ein wun-
derbares Land.

Cover

Die Tankstelle befindet sich
im Nordirak, keine 80 Kilometer von der Stadt Mos-
sul entfernt. Während der
irakischen Großoffensive
herrschte dort Chaos. Ganz
in der Nähe befindet sich
zudem ein riesiges Flücht-
lingslager. Dann kommst
Du zu dieser Tankstelle mit
einer Fassade aus 18 Karat
Gold – einfach, weil jemand
das schön findet, zeigen
möchte, wie reich er ist. Für
mich versammelt dieses
Bild so viele Widersprüche
des Lebens.

Die Schlacht um Mossul war eine
vom 17. Oktober 2016 bis 9. Juli
2017 stattfindende Großoffensive der irakischen Streitkräfte
zur Rückeroberung der nordira-
kischen Stadt Mossul aus den
Händen des Islamischen Staa-
tes. Es war die größte Schlacht
um eine Stadt nach dem zweiten
Weltkrieg.

ENG
————————————

At the age of 17, Jan Grarup photographed the riots between Catho-
lic and Protestant militant groups in Belfast. The upheavals in Eastern
Europe followed, then the Balkan wars, and the first Gulf War. He now
concentrates on long-term projects: Somalia, Darfur, Rwanda, the Middle East, the conflict between Israel and Palestine, Afghanistan, Iraq. He
has photographed for Stern, Geo Magazine, Le Monde, The New York
Times, and the Washington Post and has won numerous awards, including the World Press Photo Award several times.

What motivates me to take part in the
discussion on architecture and urban
planning: We have a responsibility.
Architects can have a lot of influence.
They can improve the basis of life
for people in third world countries,
increasing their resilience for the future.
Europe today is a fortress. More than
70 million people around the world are
on the run. What we see now is only
the beginning. According to estimates
by the United Nations, by 2050 there
will be more than 50 million climate
refugees on the African continent alone.
People would stay if they had a perspective.
How do we want to be seen in ret-
rospect? Are we going to let people
drown in the Mediterranean? Or do we
want to improve things over the long
term? Perhaps we shouldn't wait until
2049 but act now. Beyond crises such
as wars, where short-term assistance
is needed, the big issue is migration.
Morocco, Algeria, Egypt, Tunisia – we
have to improve the living conditions
of the people there. Then they wouldn't
try to get to Europe over the Mediterranean. Why is there no such thing as
"architects without borders"?

Img. 1

Afghanistan, early morning before a former palace in Kabul. The photo ties in with what I said earlier. Even in a country that has been completely destroyed, there are the youth who want to survive and look ahead. In this case it's a local organization that organizes boxing training for young people.

Img. 2

I photographed the bridge in 2005, shortly after the earthquake in Kashmir. I was very close to the epicentre of the quake; I bribed the crew of a Pakistani army helicopter to have them drop me in the mountains so I could walk with the refugees into the valley. People carried their injured and dead relatives across this bridge, and later tents for the winter in the other direction. The bridge partly collapsed, swinging to and fro in the wind. Many people fell into the river and disappeared. And yet they had to cross the bridge to get to a place where they would receive help.
Nobody from the Western world was seriously interested in helping the people of Kashmir, because they were Muslims. We were involved in the wars in Iraq and Afghanistan at the time. Because of religion it was hard to raise funds. Who do we help and for what reasons?

On 8 October 2005, an earthquake struck Kashmir – the most severe in the South Asian region for 100 years. According to current estimates, more than 73,000 people died.

Img. 3

The photograph of the hair salon was on the front pages of 21 daily newspapers worldwide. The shop is located in Balakot, the city that was hit hardest by the earthquake with 50,000 dead. The hairdresser returned to his former salon and "opened" it again. He found his scissors, comb, and cape in the rubble. I especially like the bench where people waited their turn.
This is a very important picture for me. It shows that people don't give up but retain their dignity and believe in their future. This is something I observe all over the world. More than 90 percent of the people I meet don't want to flee to Munich or Copenhagen; they just want to go home.

Img. 4

People wait at the border between Liberia and Sierra Leone for permission to cross. For me, this photo says a lot about the relationship between the wealthy Western world and Africa; how natural resources are plundered to finance armed conflicts. Charles Taylor, the former president of Liberia – he was later convicted by the International Court of Justice in The Hague for crimes against humanity and war crimes – needed money to

come to power in Liberia. He created a rebel army called RUF, the Revolutionary United Front, to gain access to diamond fields in neighbouring Sierra Leone. The "blood diamonds" were then smuggled out of Sierra Leone and sold to rich Europeans. The RUF killed everyone who stood in their way, thus destabilizing an entire country.
Even though the trade in gemstones from war zones is now largely banned, blood diamonds have been replaced by other valuable raw materials, such as coltan for mobile phones and computers. The coltan mines are mainly located in the Congo. Even today, large international manufacturers don't specify the conditions under which the raw materials they use are mined.

Sierra Leone in West Africa is one of the poorest countries in the world. Between 50,000 and 200,000 people died during the civil war from 1991 to 2002. Charles Taylor was president of Liberia from 1997 to 2003. He is the first African head of state to be held accountable by an international tribunal for war crimes.

Img. 5

Rwanda is a very special place for me. I was there for nearly seven weeks during the genocide. One million people were killed within 100 days. It was the worst genocide since the Second World War. The difference is that the international community didn't intervene, even though it knew what was happening.
The girl was hiding in a church with her family. The militias came, barricaded

the doors and windows, and then threw hand grenades inside. Afterwards they went through the church with machetes. When I arrived three hours later, the blood was literally pouring out of the doors. She came crawling out over all the dead bodies. In the church lay her dead parents, brothers, and sisters. The wound on her head reached down to the skull bone.
Since then I have been looking for her, with notices in newspapers and on Rwandan television. We now have a pretty good idea where to find her. I want to make a book about her. She was five years old during the genocide. What happened next? What does she remember? Is she married, did she become a mother?

The "Rwandan genocide" refers to extensive acts of violence in Rwanda that began on 6 April 1994 and continued until mid-July 1994. In almost 100 days, members of the Hutu majority killed about 75 percent of the Tutsi minority as well as moderate Hutus living in Rwanda.

Img. 6

One of the moderate Hutus. Because he didn't want to take part in the genocide, they hacked him in the foot with a machete. He could no longer flee, yet he survived the genocide.
With regard to Rwanda, one of the key themes for me is forgiveness. It's the only reason why this country has been able to go through a process of reconciliation within 25 years and is today considered the African answer to Singa-

pore. A country where you feel safe on the street at five in the morning. There is free WLAN in all buses. The reconstruction is enormous. I met a man whose wife and both sons were killed during the genocide. I told him that I found it very difficult to forgive the international community for looking away. He put his hand on my shoulder: "Jan, if you cannot forgive, you can kill." I have learned so much from people who have gone through these dramatic situations.

Img. 7

Somalia means a lot to me. For 15 years I have been travelling again and again to this country where civil war has been raging since 1991. Large parts of it has fallen into the hands of local clans, warlords, radical Islamic groups, and pirates, in addition to famine and corruption. In between all that are these wonderful people.

This is a typical image from Mogadishu, which shows the conflicts in Somalia today. There is the cockpit of a Russian cargo plane that was shot down by al-Shabaab, a regional branch of al-Qaida. At the same time you can see a school being rebuilt. Education is the path to the future. In Somalia, too, the standard of living is rising and the urge to fight is declining.

Img. 8

Girls who play basketball. For us this is normal, but in Somalia women have to fight for their right to do sport. In return they were threatened by radical Muslims. The captain of the team had to move house three times. Nevertheless, they have continued. They did it for themselves, while also fighting for gender equality and the rights of young women in Africa; the movement is growing. These are the stories that are important to me.

Somalia has been the most difficult place for me to work. The situation is very confusing; there are many uprisings and the militias are in hiding and carrying out ambushes. Though I usually travel alone, in Somalia I have 12 bodyguards with me. We travel in three cars. They're always around me. But the day will come when I can travel through Somalia on my own. It's a beautiful country.

Cover

The gas station is located in northern Iraq, less than 80 km from the city of Mosul. Chaos reigned there during the large-scale offensive by Iraqi forces. There is a huge refugee camp nearby. Then you come to this gas station with its 18-carat gold facade – simply because someone thinks it's beautiful and wants to show how rich he is. For me, this picture brings together so many contradictions of life.

The Battle of Mosul took place from 17 October 2016 to 9 July 2017. The Iraqi forces launched a major offensive to reconquer the northern Iraqi city of Mosul from the hands of the Islamic State. It was the biggest battle over a city since the Second World War.

Nadin Heinich (Hrsg. | Ed.) plan A, München | Munich

Nadin Heinich ist Kuratorin, Autorin, Unternehmerin und Gründerin von plan A, einer Beratungs- und Kommunikationsagentur mit Fokus auf Architektur, Immobilienbranche und Stadt. Sie hat Architektur an der TU Berlin, UdK Berlin sowie der Royal Danish Academy of Fine Arts studiert. Im Rahmen der Initiative „Deutschland – Land der Ideen" wurde sie als eine der „100 Frauen von morgen" ausgezeichnet. 2016 gründete sie die Konferenz Architecture Matters.

Nadin Heinich is a curator, writer, entrepreneur, and founder of plan A, a communications office and consultancy focusing on the future of architecture and the city. She studied architecture at the Technical University and the University of the Arts in Berlin and at the Royal Danish Academy of Arts in Copenhagen. The initiative Germany – Land of Ideas named her one of the 100 Women of Tomorrow. In 2016 she founded the conference Architecture Matters.
www.we-are-plan-a.com

Torben Bayer (Gründungspartner | Founding Partner) Gira Giersiepen GmbH & Co. KG

Torben Bayer ist seit 1996 bei Gira und seit 2008 Leiter Marketing und Markenentwicklung. Er hat in besonderer Weise zum erfolgreichen Ausbau der Marktposition von Gira beigetragen. Dem Wandel durch die Digitalisierung, insbesondere der zunehmenden Bedeutung sozialer Medien und deren Online-Dialoge, begegnet er auf unterschiedlichen Ebenen und nutzt erfolgreich die Chancen innovativer Kommunikations- und Servicemodelle.

Torben Bayer has been with Gira since 1996 and its Head of Marketing and Brand Development since 2008, making significant contributions to strengthen the company's market position. He meets the changes brought about by digitalization at various levels, in particular the growing importance of social media with its online dialogues, and uses the opportunities offered by innovative communication and service models.
www.gira.de

Olga Aleksakova & Julia Burdova Buromoscow, Moskau | Moscow

2004 gründeten Olga Aleksakova und Julia Burdova Buromoscow. Als erste Architektinnen in der postsowjetischen Zeit beschäftigten sie sich mit Vorfertigung und industriellem Wohnungsbau. Zahlreiche Preise würdigen ihre Gestaltung jenseits der üblichen Monotonie. Zu den Auftraggebern zählen alle großen Moskauer Projektentwickler. Burdova studierte Architektur am Moskauer Architekturinstitut, Aleksakova an der TU Delft und arbeitete anschließend bei OMA. Seit 2018 lehren sie an der Columbia GSAPP in New York.

Olga Aleksakova and Julia Burdova founded Buromoscow in 2004. As

the first architects in the post-Soviet period to focus on prefabricated mass housing, they have received numerous awards for their projects adding beauty to the usual monotony. Their clients include the major project developers in Moscow. Burdova is a graduate of the Moscow Architectural Institute; after graduating from Delft University of Technology, Aleksakova worked for OMA. Since 2018 they have taught at Columbia GSAPP in New York.
www.buromoscow.com

Reinier de Graaf
OMA, Rotterdam

Reinier de Graaf ist Partner bei OMA und seit 2002 zudem Direktor von AMO, dem Think Tank von OMA. Er verantwortet Stadtplanungen in Europa, dem Nahen Osten und Russland, dazu Projekte wie das Timmerhuis in Rotterdam, das Stadtverwaltung, Büros und Wohnungen vereint, Holland Green in London, bei dem Luxusapartments ein Design Museum finanzieren, oder den Hochhauskomplex De Rotterdam.

Reinier de Graaf is a partner at OMA, and since 2002 has been director of its think tank, AMO. He is responsible for urban planning in Europe, the Middle East, and Russia, and for projects such as Timmerhuis in Rotterdam, which unites the city administration, offices and apartments; Holland Green in London, where luxury apartments are financing a design museum; and the De Rotterdam high-rise complex.
www.oma.eu

Elizabeth Diller
Diller Scofidio + Renfro, New York

Elizabeth Diller ist Gründungspartnerin bei Diller Scofidio + Renfro. Ihre kontinuierliche interdisziplinärere Arbeitsweise wurde bereits 1999 mit der MacArthur Fellowship und 2018 mit der Aufnahme in die Times-Liste der „100 Most Influential People" gewürdigt. Unter ihrer Leitung entstanden die für New York elementaren kulturellen Bauten wie The Shed und die Erweiterung des MoMA. Sie lehrt an der School of Architecture der Princeton University.

Elizabeth Diller is co-founding partner of Diller Scofidio + Renfro. Her cross-genre work was distinguished with a MacArthur Foundation fellowship in 1999, amongst others; in 2018 she was named among Time magazine's 100 Most Influential People. She has led the realization of significant cultural works in New York, such as The Shed and the expansion of MoMA. She is a professor at Princeton University's School of Architecture.
www.dsrny.com

Jan Grarup
Kriegsfotograf, Kopenhagen | war photographer, Copenhagen

Jan Grarup ist Kriegsfotograf. Golfkrieg, Genozid in Ruanda, die Belagerung von Sarajevo, der Krieg in Tschetschenien, Dafur, Somalia, Irak, Syrien: Seit den 1990er-Jahren reist er in die Krisenregionen dieser Erde. Dabei dokumentiert er aber nicht nur – ehrlich, intensiv und mit viel Empathie erzählt er die Geschichten derjenigen, die selbst keine Stimme haben. Für seine Arbeit gewann er u. a. acht Mal den World Press Photo Award. Grarup ist Mitgründer der Bildagentur Noor und hat mehrere Bücher veröffentlicht.

Jan Grarup is a war photographer. Since the 1990s he has travelled to crisis regions to cover the Gulf War, the Rwandan genocide, the siege of Sarajevo, Chechnya, Dafur, Somalia, Iraq, Syria, and more. Going beyond the documentation of events, he tells the stories of those who have no voice of their own, with empathy, honesty, and intensity. He is an eight-time winner of the World Press Photo Award. He co-founded Noor photo agency and has also presented his work in several books.
www.andthentherewassilence.com
www.jangrarup.photoshelter.com

Sergei Gordeev
PIK Group, Moskau | Moscow

Sergei Gordeev ist CEO der PIK Group, dem größten Wohnungsbauunternehmen in Russland. Zuvor gründete er Rosbuilding, einen Projektentwickler, der sich auf die Transformation ehemaliger Industrieareale fokussierte. Für den Umbau der Stanislavsky Factory in Moskau erhielt der Unternehmer 2011 den RIBA Award. Gordeev interessiert sich für den russischen Konstruktivismus und erwarb das Melnikow-Haus, das er dem Staatlichen Schtschussew-Architekturmuseum schenkte.

Sergei Gordeev is CEO of the PIK Group, the largest housing construction company in Russia. Prior to joining PIK, he founded Rosbuilding, a project developer focused on the transformation of former industrial sites. In 2011 he received the RIBA Award for the conversion of the Stanislavsky Factory in Moscow. Gordeev's interest in Russian Constructivism led him to acquire the Melnikov House, which he donated to the Shchusev Museum of Architecture.
www.pik.ru

Franz-Josef Höing
Oberbaudirektor, Hamburg | Chief Building Director, Hamburg

Seit 2017 ist Franz-Josef Höing Oberbaudirektor in der Behörde für Stadtentwicklung und Wohnen der Freien und Hansestadt Hamburg. Zuvor war er persönlicher Referent des Oberbaudirektors und Leiter der Projektgruppe HafenCity, anschließend Senatsbaudirektor in Bremen sowie Dezernent für Stadtentwicklung, Planen, Bauen und Verkehr in Köln. Seine Herausforderung ist nun, das weitere Wachstum der Hansestadt zu gestalten – von Wohnungsbauprogrammen bis zu Großprojekten wie dem Elbtower.

Franz-Josef Höing has been Chief Building Director of Hamburg's Urban Development and Housing Authority since 2017. Before that, he was personal advisor to the city's Chief Building Director and led the HafenCity project group. He then served as Senate Building Director in Bremen and as Head of Urban Development, Planning, Construction and Transport in Cologne. Now his challenge is to shape Hamburg's further growth,

through housing programmes and large-scale projects like the Elbtower.
www.hamburg.de

Ulrich Höller
ABG Group, Frankfurt

Ulrich Höller ist seit 2020 geschäftsführender Gesellschafter der ABG Real Estate Group. Er ist einer der bekanntesten deutschen Immobilienmanager und seit über 28 Jahren in Führungspositionen in der Branche aktiv, zuletzt als Vorstandsvorsitzender der GEG German Estate Group AG. Höller hält mehrere Aufsichts- und Beiratsmandate, u. a. als Vorstand des deutschen Immobilienverbandes ZIA.

Ulrich Höller has been Managing Partner of ABG Real Estate Group since 2020. As one of Germany's best-known real estate executives, he has been in leading positions in the industry for over 28 years, most recently as Management Board Chairman at GEG German Estate Group AG. Höller is a member of several supervisory and advisory boards, including for the German real estate association ZIA.
www.abg-group.de

Tobias Sauerbier
SIGNA, München | Munich

Seit 2019 ist Tobias Sauerbier Geschäftsführer der SIGNA Real Estate Management Germany GmbH sowie Mitglied des Vorstandes der SIGNA Prime Selection AG. Gemeinsam mit Timo Herzberg ist er für alle Immobilienaktivitäten von SIGNA in Deutschland verantwortlich, einer privat geführten Industrieholding in den Bereichen Real Estate und Retail mit einem Immobilienvermögen von über zwölf Milliarden Euro.

Tobias Sauerbier has been Managing Director of SIGNA Real Estate Management Germany GmbH since 2019 and is a member of the managing board of SIGNA Prime Selection AG. Together with Timo Herzberg, he is responsible for all of SIGNA's real estate activities in Germany. The SIGNA Group is a privately managed industrial holding company active in the real estate and retail sectors with assets of more than 12 million euros.
www.signa.at

Matthias Standfest
Archilyse, Zürich | Zurich

Dr. sc. Matthias Standfest ist Gründer und CEO der Archilyse AG, eines der derzeit Top25 Proptech Startups in Europa. Dieses forschungsgetriebene Spin-off der ETH Zürich bewertet die Qualität von Gebäuden und stellt diese Daten Projektentwicklern, Architekten und Immobilienbesitzern zur Verfügung. Eine Art „DNA-Test für Architektur". Standfest verfügt über einen breiten universitären Hintergrund, der Architektur, Maschinenbau und Philosophie umfasst.

Dr. sc. Matthias Standfest is founder and CEO of Archilyse AG, one of the top 25 proptech startups in Europe. A research-driven spin-off of ETH Zurich, Archylise offers project developers, architects and property owners a software-as-a-service solution to assess the quality of buildings – it is a kind of "DNA test for architecture". Matthias Standfest has a broad academic background in architecture, mechanical engineering, and philosophy.
www.archilyse.com

Christiane Thalgott
Stadtbaurätin i. R., München
| Planning Commissioner, ret.,
Munich

Von 1992 bis 2007 war Prof. Dr.-Ing. E. h. Christiane Thalgott Stadtbaurätin in München. In diese Zeit fielen wichtige Entscheidungen wie der Umbau des Hauptbahnhofs, der Ausbau des Mittleren Rings oder die Errichtung des Jüdischen Zentrums. Auch nach ihrem beruflichen Ausscheiden engagiert sie sich u. a. für ein neues Bodenrecht. Seit 2013 ist sie Mitglied in die Akademie der Künste Berlin.

Prof. Dr.-Ing. E. h. Christiane Thalgott was Munich's Planning Commissioner from 1992 to 2007. During this time she oversaw major decisions on projects such as the new central train station, the Mittlere Ring highway extension, and the new Jewish Cultural Centre. Even after her retirement, she remains engaged in urban issues such as land law. She has been a member of the Academy of the Arts in Berlin since 2013.

Erion Veliaj
Bürgermeister | Mayor, Tirana

Seit 2015 ist Erion Veliaj Bürgermeister von Tirana, davor war er Minister für Soziales und Jugend. Bereits als Jugendlicher gründete er 2003 die Bewegung MJAFT!, „genug!" – um die Bürger zu mehr Engagement zu bewegen, nach jahrelanger Isolation und wirtschaftlichen Krisen. Veliaj steht für Öffnung und Austausch. Tirana030 ist eines seiner zentralen Projekte: ein Stadtentwicklungsplan gegen wilde Expansion und u.a. mit einem Grüngürtel aus zwei Millionen Bäumen um die Stadt.

Erion Veliaj has been mayor of Tirana since 2015, and Minister of Youth and Social Welfare before that. In his early 20s in 2003 he founded MJAFT! – Albanian for "Enough!". The movement encouraged civic engagement in the country following years of political isolation and economic crisis. An advocate for transparency and dialogue, Veliaj is spearheading Tirana030, an urban development plan that aims to curb uncontrolled expansion of the city and includes a greenbelt of two million trees around the city.
www.tirana.gov.al

Es geht um Lösungen und nicht um Technik

It's About Solutions, Not Technology

Menschen bei Gira. Ein Unternehmensportrait

People at Gira. A company portrait

von | by Torben Bayer

Von Anfang an steht beim Gebäudetechnikspezialisten Gira der Mensch im Mittelpunkt allen Handelns. Seit der Gründung im Sommer 1905 ist es Ziel des Technologieunternehmens, den Menschen ihr Leben und Wohnen ein Stück komfortabler, sicherer und einfacher zu machen. Eine Vielzahl an Ingenieuren unterschiedlicher Disziplinen in Produktentwicklung und Fertigung sorgen dafür, dass Gira Lösungen durch ihre hohe Innovationsqualität überzeugen.

Wie verhält sich ein Unternehmen, das seit über 115 Jahren am Markt besteht, in einer Zeit der schnellen Veränderungen?
Dirk Giersiepen, geschäftsführender Gesellschafter: Es ist uns 115 Jahre gelungen, diese Veränderungen mitzugestalten. Es gehören viel Wachsamkeit und auch Demut im Erfolg dazu, dass wir veränderungsbewusst und dynamisch bleiben. Es gilt, sich selbst immer wieder in Frage zu stellen und sich auch die richtigen Fragen zu stellen. Da sind auch provokante Fragen dabei. Die tuen meistens auch erst einmal weh, aber es sind Fragen, die im Markt gestellt werden, die sollten wir uns daher beantworten. Unser Ideal ist, dass wir als Spezialist und Mittelständler immer wieder unseren Markt finden, wo wir es ein bisschen besser machen können als die großen Konzerne.

Wie hat sich die Entwicklung der Produkte aus Sicht der Elektrotechniker verändert?
Frank Schimmelpfennig, Leiter Elektronikentwicklung: In der Hardwareentwicklung waren vor 20 Jahren viele Bauteile noch bedrahtet und „riesig". Heute kann man diese Bauelemente problemlos versehentlich einatmen, so klein sind sie inzwischen. Das ist das Interessante: Nichts ist geblieben wie vor 20 Jahren. Und auch wir müssen uns sowohl fachlich als auch prozessual ständig weiterentwickeln.

Was bedeutet „Systems Engineering" bei Gira?

Kai Stracke, Systemingenieur: Wir befassen uns mit der Gestaltung effizienter und nachhaltiger Entwicklungen, indem wir alte Entwicklungen bewerten, die aktuellen betreuen und natürlich die Zukunft im Blick haben. Daraus resultieren eine bessere strategische Aufstellung und eine wesentlich dynamischere Gestaltung der Entwicklungszyklen. Dadurch können wir auf die Bedürfnisse des Marktes schneller reagieren.

Was ist derzeit die größte Herausforderung für Gira?
Dirk Giersiepen: Die Haus- und Gebäudetechnik-Branche ist in einem tiefgreifenden Wandel begriffen. Gira zählt bereits zu den führenden Komplettanbietern intelligenter Systemlösungen für die elektrotechnische und vernetzte digitale Gebäudesteuerung. Aber wir wollen weiterhin Impulse geben und Lösungen finden, die Relevanz für die Menschen besitzen und diese begeistern.

In der Kunststofffertigung |
Plastics manufacturing plant

development were still wired and quite large. Today, these components have become so small that they can be accidentally inhaled. That's the interesting thing: nothing is the same as it was 20 years ago. We also have to constantly develop ourselves both professionally and in terms of our processes.

What does systems engineering mean at Gira?
Kai Stracke, Systems Engineer: We design efficient and sustainable innovations by evaluating previous innovations, monitoring current ones, and of course keeping an eye on the future. The result is better strategic positioning and a much more dynamic design of development cycles. This enables us to react more quickly to the needs of the market.

What is currently Gira's greatest challenge?
Dirk Giersiepen: Building services engineering is undergoing profound change as a sector. Gira is already one of the leading full-range suppliers of intelligent system solutions for electrical and networked digital building control. But we want to continue providing new impulses and finding solutions that are both relevant and inspiring.

ENG

From the very beginning, people have been at the centre of activities for the building technology specialist, Gira. Since its establishment in the summer of 1905, the company's aim has been to make people's lives and living more easy, convenient, and secure. A large number of engineers from different disciplines in product development and production ensure the high innovative quality of Gira solutions.

How does a company that has been in the market for over 115 years act in times of rapid change?
Dirk Giersiepen, Managing Partner: For 115 years we have succeeded in helping to shape these changes. A great deal of vigilance and also humility in success are needed to ensure that we remain dynamic and aware of change. It's important to constantly question yourself and to ask yourself the right questions; this includes asking provocative questions. They usually hurt at first, but they are questions that are asked in the market, so

we should answer them. As a medium-sized specialist company, ideally we can always find our market wherever we can do a little better than the large corporations.

From an electrical engineering perspective, how has the development of products changed?
Frank Schimmelpfennig, Head of Electronics Development: 20 years ago, many components in hardware

In der Elektronikentwicklung |
Electronics development

Credits